Madagascar

Île au bout du monde

John Cunningham

et

Elaine Cunningham

ISBN 978-156344-857-7

Copyright © 2017 by Beacon Hill Press of Kansas City

Originairement publié en anglais sous le titre :
>*Madagascar : Island at the End of the World*
>Par John Cunningham et Elaine Cunningham
>Copyright © 1994
>Published by Beacon Hill Press of Kansas City
>A division of Nazarene Publishing House
>Kansas City, Missouri 64109 USA

Cette édition est publiée avec Nazarene Publishing House, Kansas City, Missouri (USA)

Traduction par Nambinintsoa RAZAFINDRALAMBO

Tous les droits sont réservés

Toutes les cotations de l'Ecriture sainte sont prises de *La Bible Thompson*, Editions Vida, 1991

Préface

Vingt-cinq ans passé, j'ai foulé mes pieds sur la place la plus unique de la planète terre. Comme plusieurs avant moi, Madagascar avait aussi capturé mon imagination, mes sensations, mes actions et mon cœur. Après avoir voyagé dans 89 pays à travers le monde, famille, amis et nouveaux amis voulaient connaitre « Où est votre place préférée? » J'ai toujours répondu sans hésitation, la *grande ile rouge*. Bien sûr, ils veulent connaitre où est cette ile … et j'étais très content de leur dire. En Juillet 2017, des Nazaréens Malagasy et des invités iront à Antananarivo pour célébrer le vingtième anniversaire de l'enregistrement officiel du centre des enfants de rue AMI4 Madagascar. Pour aider à célébrer cette occasion, une demande venait de Madagascar pour avoir le livre, *Madagascar: Island at the End of the World (Madagascar, Ile au bout du monde)* traduit et édité en langue Malagasy et en Français. Maintenant, vous allez commencer à lire l'histoire comment Dieu a fait naitre une église de sainteté dans l'Océan Indien.

Depuis le commencement de l'appel de Dieu en Septembre 1990 pour commencer l'œuvre de l'Eglise du Nazaréen à Madagascar, Sandy et moi, avec nos filles, Sara et Jessica, regardaient l'œuvre de Dieu dans un détail merveilleux, des situations inespérées, et le temps qui convient. Quand l'église nous a demandé en Septembre 1998 de prendre la nouvelle responsabilité, sur le continent Africain, nous avions pensé que nos cœurs étaient brisés de quitter tous nos précieux amis Malagasy. Une chose que nous connaissons, le Dieu qui nous a appelés pour Madagascar va continuer de guider et de diriger l'Église de sainteté qu'il a établie avec ou sans les Cunninghams.

Dieu révélait son plan pour planter l'Eglise du Nazaréen à partir des enfants de rue défavorisés qui étaient très nombreux dans la cité de la capitale. Après plusieurs voyages d'exploration à Madagascar, l'Église demandait à notre famille d'aller en France pour apprendre la langue Française avant d'aller à la Grande Ile Rouge. Quand notre famille restait en Europe pour une année, Ed et Charleen [Charlie] DiSante ont été demandés de venir à Madagascar en quittant l'Afrique du Sud et aider à développer les nouveaux contacts que nous avions trouvés et commencer à travailler avec les enfants de rue. Les DiSantes avaient un large cœur de compassion et l'habilité de mettre un plan en action. Notre Ministère de Compassion des Nazaréens International avait pris naissance et éventuellement enregistré en tant qu'association juste avant qu'ils quittaient pour faire la députation.

Avant d'aller pour la quatrième grande ile du monde, j'ai prié à Dieu de me donner une stratégie pour planter Son Église. Pendant des mois, avant de s'établir dans la capitale,

Dieu révélait ce dont on a besoin. Il y avait plusieurs éléments fondamentaux à mettre en place comme l'église de Dieu était formée dans cette ile. Au centre de notre plan était de mettre Jésus haut et de l'élever dans toutes nos célébrations, cultes et enseignements. Notre objectif était d'identifier et de former le peuple Malagasy rempli du Saint Esprit qui sentira l'appel de Dieu dans leur vie et prêt à diriger l'église en pleine croissance. Dieu m'impressionnait dans mon cœur sur la nécessité de retourner sur le style du Nouveau Testament basé sur la multiplication rapide des cellules. Chaque petit groupe formera l'Église et avait un dirigeant berger avec un codirigeant en formation. Richard et Thérèse Ravelomanantsoa étaient nos premiers membres Nazaréens et bergers à Madagascar.

Vous irez lire comment Dieu avait conduit Richard, Thérèse et moi ensemble. Dieu les avait préparés pour leur nouvel appel. C'est le temps de Dieu encore. Dans ces années de début, Richard et moi avaient passé chaque jour ensemble. Il m'enseignait beaucoup sur la culture Malagasy et les moyens de faire les choses d'une manière correcte… et il corrigeait chaque jour mon grammaire Français. J'ai donné mes expériences, mon amour et connaissances de l'église et de l'Écriture dans son cœur et dans sa vie. Sandy passait ses jours avec Thérèse. Thérèse avait une bonne relation et connait qui contacter pour faire les choses. Ensemble, Dieu avait donné une équipe.

L'Église s'était développée par multiplication. Chacun qui était à l'étranger était émerveillé. Mais j'ai réalisé plus vite que nous avions besoin d'aide. Pendant la conférence en Afrique du Sud que j'attendais, j'ai demandé à Tom et Lauralee Nothstine de prier à venir aider pour l'éducation théologique de tous les nouveaux pasteurs bergers que nous avions … et que leur nombre augmente chaque mois. Tom et Lauralee acceptaient l'appel de Dieu d'aller à travers le canal du Mozambique venant de Swaziland. Quelle aide de mettre la formation théologique à Tom. Lauralee entrait aussitôt et commençait à aider Charlie avec l'enseignement de la langue anglaise comme seconde langue. L'équipe s'était développée.

Durant les années [pas très longue] que nous étions là, nous avions vu beaucoup de volontaires pour des courts-séjours et des équipes de Travail Témoignage [WWT] arriver et partir. Dieu était en action à Madagascar ! Radio, médical, et ministère de compassion avaient débuté et développé. Le district de Madagascar s'était formé avec des ministres licenciés de toute l'ile. Beaucoup de réalisations ont été accomplies durant ses années que Dieu seul avait orchestrées. Aujourd'hui, les Cunninghams, DiSantes, et Nothstines sont retournés dans leur pays mais Dieu a érigé beaucoup plus de missionnaires qui avaient venu pour servir avec les leaders Malagasy. Richard et Thérèse sont des ministres ordonnés avec beaucoup d'autres hommes et femmes Malagasy. Le district est rempli de laïques hommes et femmes sanctifiés. Richard est l'intendant de district et Thérèse est la directrice du centre AMI4 qui servait chaque jour des centaines d'enfants sauvées. Quelques enfants de rues qui étaient enrôlés depuis le début … sont des enseignants dans ce centre. Un enfant de rue est maintenant un ministre ordonné et servait comme pasteur dans le district. Louons Dieu pour tous ce qu'il a fait durant ses années à Madagascar ! Dieu est encore en action ! Alléluia !

John Cunningham, juin 2017

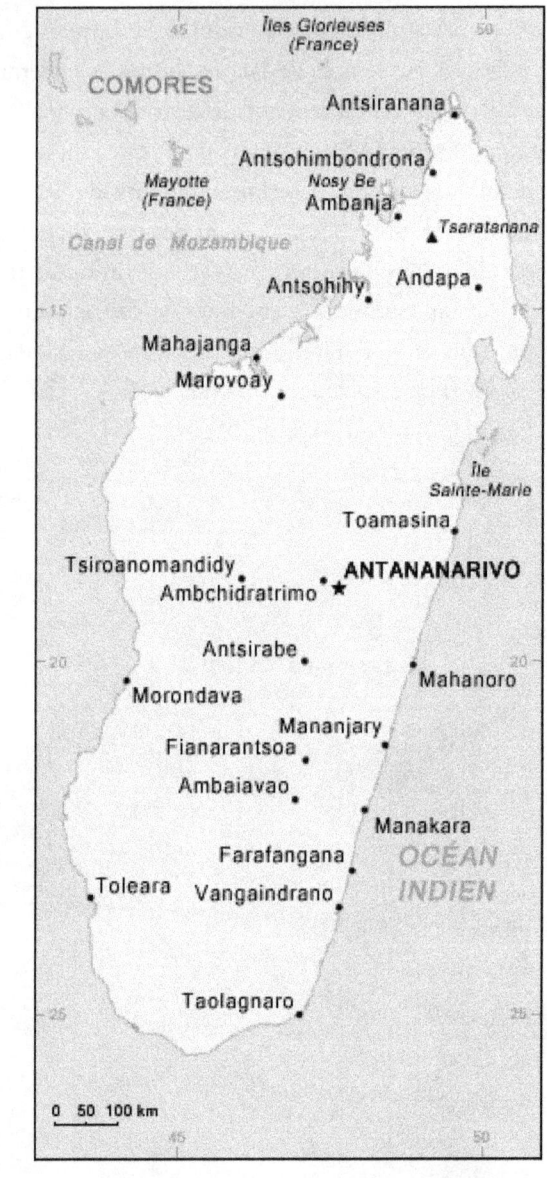

Avant-propos
(1994 édition)

Pour commencer dans une nouvelle région, pour aller là où peu d'autres ont été, pour tracer le chemin, nécessite une espèce spéciale de missionnaire. John et Sandy Cunningham paraissent être sculptés de ce genre de matière. Pendant deux termes en Afrique du sud, les Cunninghams ont développé le ministère dans Ciskei et a ouvert le travail dans la République de Transkei, les deux états indépendants dans les frontières d'Afrique du Sud.

John est entrepreneur. Sa personnalité combine éléments de ténacité, de détermination, et de courages mélangés admirablement avec une foi forte en Dieu et une sensibilité au guide du Seigneur. Sandy est une femme au foyer gracieuse, une mère merveilleuse, et un soutien fort et équilibré de son mari toujours disposé à toucher des vies.

Madagascar, le pays auquel ils sentent être appelé, est une des régions les plus éloignées dans le monde. C'est une île énorme, plus grand que les états de Californie et de Washington combinés. Cette masse de terre, célèbre pour sa flore et faune conservé des temps préhistoriques à cause d'isolement, a maintenant ouvert sa porte à l'Église du Nazaréen.

Ce livre dit au sujet des premières étapes pour l'établissement de l'Église du Nazaréen. Il témoigne comment distinctement et délibérément Dieu a mené. Bien écrit par John et sa mère, il donne une lecture fascinante. Il fournit la perspicacité dans l'appel d'un missionnaire dans la société d'aujourd'hui. Il témoigne à la fidélité du peuple de Dieu. Il nous permet de mettre un doigt sur la pulsation des missions d'aujourd'hui. Personne qui lit ce livre ne s'échappera de la romance et l'incandescence éprouvé par ceux qui déclarent disponible à Dieu. L'amour, le fardeau pour les gens, et le désir de fournir le soin en plus d'apporter les Bonnes Nouvelles, inspire et motive. Quand vous avez fini ce livre, vous aurez une plus grande aspiration à être utilisé par Dieu, et vous éprouverez un fardeau plus profond pour prier pour ceux qui sont sur les lignes de front.

—Richard F. Zanner, Directeur Régional d'Afrique,
Mars 1993

Introduction

Madagascar n'est comme aucune autre terre dans le monde. Mille cinq cent kilomètres de long et six cents kilomètres de large, c'est la quatrième-grande île dans le monde, après Groenland, Nouvelle-Guinée, et Bornéo. Animal unique et plante se trouvent seulement à Madagascar. Les côtes rocheuses, les forêts tropicales, les déserts avec des cactus-parsemés, les collines, les plages sablonneuses, les montagnes, et les plaines de savanes herbeuses forment une incomparable variété de collage géographique. Mais la beauté naturelle de la terre et ses gens est gâtée par la laideur de peur très encrassée et la superstition. L'adoration de l'ancêtre est très répandue. Millions n'ont jamais entendu l'évangile de Christ.

En 1990, Dieu a mis un fardeau pour cette grande île sur le cœur de John et Sandy Cunningham, un jeune couple servant comme missionnaires de carrière en Afrique du sud. C'est leur histoire, écrite par John et sa mère. C'est aussi un compte de Madagascar, son histoire, son peuple, et le défi qu'il présente à l'Église du Nazaréen.

Le livre commence avec une histoire comme il a pu être dans A.D 400, quand les premiers immigrés sont venus, quelques-uns d'Indonésie, par les côtes d'Afrique de l'est, qui cherchent le soulagement d'oppression et de la pauvreté.

Les historiens pensent qu'autour du temps de la naissance du Christ, les premiers venus ont voyagé avec des pirogues à balancier pour accoster le long de la région côtière du nord de l'Océan indien. Ils ont navigué le long de la côte est d'Afrique, maintenant connu comme le Kenya et la Tanzanie. Quatre cents années plus tard, commandé par les gens parlant le Bantou, les voyageurs de mélange Indonésien-Arabes- Africains ont cherché le refuge dans la grande île rouge connue maintenant comme la République de Madagascar.

1

L'île rouge

Décembre A.D. 400

La pirogue à balancier de 18 mètres glissait silencieusement dans la nuit, les vagues claquant les parties en bois du bateau comme ils avaient coupé un chemin a travers un creux dans le canal de Mozambique. Ndrianbalo, un jeune homme fin prenant son tour à la barre, regarda sa famille en train de dormir, entassée au fond du bateau avec d'autres familles venant d'Afrique. La lumière de leur peau marronne s'illumine avec la lumière de la lune.

Ndrianbalo regardait affectueusement sa femme, Isoanihanda. Ses cheveux sombres, une fois long et brillant, a été enchevêtré et noueux avec le vent, vaporisé par le sel et le soleil. À travers tempêtes et calmes, comme ils ont voyagé depuis un demi du cycle lunaire, elle ne s'était pas plainte. Son petit corps sans repos semble épuisé par le défi d'essayer de garder les adultes, les enfants, et les bétails de zébu vivant pour des semaines sur l'océan. S'ils n'avaient pas sur terre bientôt, Ndrianbalo savait qu'ils vont mourir. Les réservoirs d'eaux étaient presque vides, et les ignames, bananes, et racines du manioc sont finis presque.

Les enfants ont dormi solidement, bouclés dans le fond large du bateau, entouré par les pots, les réservoirs d'eaux, les précieux sacs de riz, le manioc et ignames pour planter, et le bétail de zébu en dos d'âne, avec leurs têtes cordées ensemble au mât. Masy, la fille de 10 ans de Ndrianbalo, tourne dans son sommeil. Les longs cheveux lisses noirs encadrent son visage comme une plante grimpante sombre. Un lambaoamy souillé a couvert son corps svelte. Son frère de six ans, Mbola, s'est blotti contre Masy, proche dans le sommeil comme ils étaient à travers les longues et chaudes journées. Seul et bien protégés dans l'arc du bateau était les os avec soin enveloppés des ancêtres de chaque famille.

Ndrianbalo a regardé le tissage des voiles. Une fois rendu ferme, leurs bandes en lambeaux se sont abaissées dans l'air immobile. Les vents dominants favorables qui les avaient apportés rapidement sur leur chemin étaient tranquilles. Maintenant, seulement le courant les amenait dans le sud, contourne à l'est par la main de Ndrianbalo sur la barre franche du gouvernail. Bien qu'il les ait ralentis, Ndrianbalo était reconnaissant pour le répit après la tempête tropicale la nuit dernière. Pendant quelques temps, il avait craint qu'ils perdent quand les vagues géantes ont versé sur les côtés du bateau. Ils étaient tous reconnaissants pour avoir attaché les deux espars avant de quitter la côte. Les vents forts avaient déchiré la voile et lancé violemment le bateau contre l'océan déchainé. Il a frissonné dans l'air, une tempête-refroidi, pas familier avec les nuits fraîches. C'était une nuit et un jour chaud d'où ils étaient venus. Sur cet océan, les jours couvraient ensoleillés et les nuits étaient froides.

L'horizon a commencé à éclairer. Les bandes de cramoisi et dorées ont reflété sur l'eau, frappent les yeux de Ndrianbalo comme il faisait face à l'est. Il a jeté un coup d'œil. Qu'est-ce que cette silhouette ? Est-ce que ce pourrait être la terre ? Le ciel s'éclaircissait. Les roches rouges et les sols ont paru. Est-ce que ce pourrait être l'île rouge qu'ils cherchaient ? C'était sans aucun doute la terre. Les marais et prairies ont couvert le rivage. Au-delà de cela, il pourrait voir la terre qui augmente progressivement à l'est.

« Regarde ! » il a crié de façon enrouée, en réveillant tout le monde. « La terre devant. Notre long voyage est presque terminé. »

Ndrianbalo et ses compagnons de voyage ont accosté le bateau en bois le long des eaux rouges boueuses d'un estuaire qui a pénétré le rivage de l'ouest de l'île. Comme Ndrianbalo et les autres ont rampé dehors, en allongeant leurs jambes à l'étroit, les tortues géantes les ont rencontrés. Les caméléons et iguanes ont bougé rapidement pour trouver refuge. Des énormes oiseaux, deux fois aussi hautes qu'un homme, sont partis à grande vitesse quand les êtres humains approchaient. Les Flamants rose, soulevaient les jambes minces, avec les longs cous, ont courbé dans les bords peu profonds de la rivière, soudainement a volé loin. Les crocodiles, qui prenaient le soleil sur les banques de la rivière, ont glissé dans l'eau, en laissant une veillée en V lorsqu' ils ont plongé dans les eaux les plus profondes et, plus sombres. Les singes qui habitaient dans le foret avec les nez pointus, grand et les yeux brillants, et les queues rayées en noir et blanc ont grimpé rapidement les arbres avec cette vue exceptionnelle d'êtres humains. Les hérissons, créatures piquants ont apparu. Assez petit pour aller dans la main d'un homme, les mammifères timides, mangeant des insectes, ont roulé eux-mêmes comme des balles pour se défendre contre les nouveaux venus.

Un Lémurien, femelle avec son petit

La chaleur qui reflète le sable blanc était intense comme le soleil s'élevait au plus haut point. Sous l'ombre d'un arbre de baobab, Ndrianbalo et sa famille se reposaient, en écrasant les moustiques et écoutant les cigales dans l'air chaud des tropiques. « Cet arbre semble être planté à l'envers », a dit Isoanihanda. Elle a pointé l'arbre de baobab, son tronc plus grand que deux éléphants qui sont debout ensemble.

« Vous avez raison », a dit son mari. « Il a les racines qui collent dans l'air. » Suite à une longue discussion, les hommes du groupe ont décidé qu'ils camperaient sous l'arbre et plus tard, avec leur pirogue, suivraient le cours de la rivière pour voir où il menait.

Le jour suivant, ils ont trouvé une source d'eau pour se désaltérer et ont suivi la rivière à travers les paysages progressivement croissants. Après une semaine de voyage, le paysage a changé des marais poisseux aux collines boisées. A un temps, les montagnes rocheuses sont élevées en hauteur les unes sur les autres. Les sommets dans l'horizon distant ont augmenté de façon déchiquetée vers le ciel. Le voyage lent, soigneux a duré plusieurs semaines. Souvent ils avaient déchargé des gens et bétail et portaient la pirogue autour de galets et cascade de chutes d'eau. L'air qui a brûlé leurs gorges dans les plaines marécageuses est devenu une fraîcheur à un niveau plus haut. La lumière du soleil clair a rendu les jours confortables. Les nuits fraîches ont renouvelé leur force pour les prochains jours de voyage. De temps en temps, ils ont passé la nuit sur les rivages avec des nuages de moustiques et d'oiseaux. Une nuit, une criaillerie a fracassé dans la nuit. « Aidez ! Aidez-moi ! » hurlait Masy.

Ndrianbalo a sauté au-dessus et prenait un bâton. « Qu'est-ce que c'est ? »

« Un serpent a rampé sur mes jambes », a sangloté la fille.

Dans l'éclair vif de la lune, Ndrianbalo a vu une forme glissante qui se déplaçait rapidement sur la jambe de sa fille. Il a utilisé le bâton pour battre le serpent jusqu'à ce qu'il ait cessé de se déplacer. C'était trois fois aussi long que Masy. Heureusement, il ne l'avait pas mordue, Ndrianbalo a calmé les peurs de Masy et a encore jeté un coup d'œil sous son tapis d'herbe.

Le matin suivant, les enfants, enthousiasmés, ont porté un œuf géant à leur père. « Regardez, Papa, nous l'avons trouvé derrière quelques buissons. »

Ndrianbalo a examiné l'énorme œuf. Dix fois plus grand que les œufs d'autruche qu'ils avaient vu en Afrique, qui est plus lourd qu'une pastèque. « Cela doit être un œuf pondu par un de ces grands oiseaux que nous avons vu quand nous avons débarqué, il a dit. Bouillons-le et faisons la fête. » Les tortues terrestres sont aussi devenues une source abondante de viande fraîche, cuits dans les grands pots, servis avec les plantes comestibles récemment découvertes.

Suivant le cours de la rivière, les immigrés sont venus à la fin de la voie navigable et ont entrepris à pied, en portant le bateau volumineux, avec sa cargaison et os, sur le sommet de la montagne, en conduisant leur bétail chargé de nourriture et de leurs affaires. Descendant l'escarpement de l'est, ils se sont installés près d'un grand lac dans les pays montagneux de Madagascar central et l'a nommé Alaotra, en signifiant « la grande mer. »

Avec l'aide de sa famille, Ndrianbalo a construit une cabane à une pièce, en emballant la boue en argile rouge entre le bambou hermétiquement tissé. Il a clôturé un parc pour son bétail. Ensuite, en se souvenant de ce que leurs ancêtres avaient transmis de génération en génération de leur ile précédente, les hommes ont préparé le terrain pour planter du riz. Ils ont construit des parois bas en argile rouge autour de leurs champs, puis creusaient des tranchées de la rivière jusqu'au champ. Dans un petit coin, Ndrianbalo a planté sa pépinière de riz en couche épaisse ensemble. Puis il a fait venir l'eau de la tranchée pour inonder le champ jusqu'à ce que le niveau soit jusqu'à ses genoux. Apres plusieurs jours, les plants du riz ont été enlevés de la pépinière et étaient transplanté à la main dans un lieu plus grand, inondé, chaque plante avait approximativement quinze cm de haut. Quatre mois plus tard, le riz serait prêt pour être récolté. Ensuite, Ndrianbalo prenait un bâton tranchant et travaillait le sol pour les ignames et les racines du manioc. Sa famille aimerait manger bientôt les ignames, et les maniocs faits en tapioca.

Ndrianbalo a apporté non seulement avec lui sur cette nouvelle terre, sa femme et ses enfants mais aussi ses compétences traditionnelles dans la culture du riz, la confection des pirogues à balancier, et l'amour de la musique. Il a aussi apporté l'adoration de ses ancêtres et la peur des esprits des morts. Une des choses les plus importantes faite dans la nouvelle terre était de construire, avec les autres hommes, un revêtement protecteur sur les os de leurs ancêtres qui se reposent dans la grande pirogue. Ndrianbalo espérez seulement que dans le futur ses enfants l'adoreraient comme il adorait ses parents et grands-parents.

Les champs du riz de Ndrianbalo ont produit, et les ignames ont grandi. Il savait que sa femme et les enfants étaient heureux. Il savait que ses ancêtres le seraient. Il voulait seulement vivre paisiblement pour beaucoup d'années jusqu'à ce que ses enfants l'aient enterré et l'adorait.

Les saisons passaient avec les cyclones annuels. Beaucoup de fois Ndrianbalo est tombé malade avec les maladies connues comme le paludisme. Finalement, il a déplacé sa famille plus haut sur le plateau central, Ouest et vers le Sud du Lac Alaotra, espérant un climat différent, l'aiderait à éviter la maladie. Ils ont enlevé avec soin les os de ses ancêtres de la coquille du vieux canoë, les enveloppaient dans le tissu, et les portaient en conduisant le bétail à leur nouvelle maison. Dans le nouvel emplacement, ils ont localisé une place pour l'enterrement, la place centrale d'adoration pour la famille.

Une tombe a été construite en pierre. Ils ont décoré l'extérieur de la tombe avec des tableaux et sculptures de l'histoire de leurs ancêtres. Ndrianbalo savait, quand il serait mort, sa famille dirait son histoire en utilisant des dessins peints et des bois sculptés à l'extérieur du tombeau. Comme il avançait dans l'âge, il dirigeait son fils pour planter le riz, le manioc et de s'occuper de leur bétail.

Un jour chaud durant la saison des pluies, Ndrianbalo touchait son front. Sa peau a brûlé comme le feu avec une autre attaque de la fièvre redoutée et des sueurs. Il a chancelé en avant, avec des nausées et faible, essayant de revenir à sa maison à pied. Les palmiers avec branches qui s'étendent comme un ventilateur tournant en cercle. Il s'est écrié dans sa douleur. Chaque partie de son corps lui faisait mal, et la douleur a tiré à travers sa tête. Son corps secouait irrésistiblement, comme un tenrec secouant l'eau de ses épines. Il a réclamé Isoanihanda. « Aidez-moi ! Aidez-moi ! » La peur a bifurqué ses dents dans son âme. Délirant et pris de vertige, il est tombé à terre et perdait conscience.

Quand Isoanihanda a trouvé son mari, il avait cessé de respirer. Pleurant et gémissant, elle a appelé ses enfants. « Votre père est mort. » Masy et Mbola sont venus, en courant et sont tombé sur le corps de leur père, en sanglotant dans la terreur.

Avec l'aide de ses enfants, Isoanihanda a enveloppé tendrement le corps de Ndrianbalo dans un beau tissu tissé et l'a placé dans la tombe qu'il avait préparée.

Plus souvent, Isoanihanda et ses enfants apportaient des cadeaux spéciaux à la tombe. Ils croyaient que Ndrianbalo était encore un membre important de la famille, et ils ont fait tout ce qui est possible pour éviter d'être irrespectueux envers lui. Leur croyance dans la vie éternelle se concentrait autour de la tombe. Ils ne savaient pas au sujet du Christ qui s'est ressuscité et qui a quitté la tombe pour apporter la vie éternelle.

2

Exhumation

A.D. 450 jusqu'en 1990

Des siècles ont passés. Ralambo, un des descendants de Ndrianbalo, était responsable pour nommer la région de pays montagneux Imerina qui veut dire « la terre où on peut voir loin. » C'était probablement parce que leurs villages ont toujours été construits sur les sommets de la colline. Le fils de Ralambo était responsable pour capturer et renommer la ville qui est maintenant la ville du capital du pays, Antananarivo. Dans les débuts des années 1800, le Royaume Merina avait gagné le contrôle de la plupart de l'île. Pendant la bousculade européenne pour les colonies dans les 1800, la France a fait de Madagascar un protectorat. En 1960, les Malagasys ont gagné l'indépendance de la France et ont choisi leur premier président.

Les premiers missionnaires sont arrivés en 1820, envoyés par la Société Missionnaire de Londres. Peu de temps après, trois des quatre missionnaires étaient morts de la malaria. Les autres missionnaires sont venus. Malgré les persécutions sévères, y compris les martyrs, des milliers sont convertis au Christianisme.

Aujourd'hui, 50% appellent eux-mêmes des Chrétiens, avec la moitié d'eux sont catholiques. Les autres groupes sous le parapluie du Christianisme sont les Luthériens, le F.J.K.M. (Église Réformée), les Anglicans, les Adventistes du septième jour, les Baptistes, et plusieurs groupes de Pentecôtistes. Il n'y a pas d'églises de la sainteté sur l'île. L'autre 50% de la population sont des animistes (adoration des ancêtres) et Islamique. Sur les 12 millions de la population, presque la moitié n'a jamais entendu l'évangile.

Isolé du reste du monde et presque complètement libre des prédateurs, Madagascar est une terre de plantes exotiques et d'animaux. Beaucoup de types inhabituels se trouvent dans les forêts tropicales de l'Est. La plupart ne se trouve nulle part autrement dans le monde. Le pays est riche en reptiles, mais il n'y a pas de serpents venimeux. Deux tiers des caméléons du monde habitent à Madagascar, avec un hôte d'insectes bizarres. Plus de 300 espèces de papillon et papillon de nuit sont endémiques à l'Île Rouge. Il n'y a pas d'animaux mangeurs d'hommes, autre que le crocodile en voie de disparition, sur l'île. Les lémuriens (du latin lemures, signifiant fantômes des morts) ne se trouvent nulle part dans le monde. Avec les têtes comme ceux du renard et les longues, rayées queues, ils grimpent les arbres et bondissent parmi les cimes d'un arbre. Tenrecs épineux, en ressemblant au porc-épic miniatures, est les plus vieux mammifères et unique à Madagascar.

L'arbre du voyageur; arbre emblématique de Madagascar

Approximativement 1,000 variétés d'orchidées grandissent ici, avec les palmiers, ébènes, et beaucoup de plantes exceptionnelles. L'arbre du voyageur, l'arbre de Madagascar, qui regorge de l'eau de pluie dans son tronc, rassemblé par feuilles de grande taille, étant tapoté par les voyageurs assoiffés.

Les attributs physiques du pays incluent trois régions qui courent du nord vers le sud sur la longueur de l'île. L'un est la bande de plaine tropique étroite le long de la côte de l'est, longeant l'Océan indien, avec une moyenne annuelle de plus de 3 900mm de pluie par année. La partie de cette région avec une vraie forêt dense tropicale où jusqu'à 6 000mm de pluie peut tomber. Les locaux disent qu'ils ont deux saisons : la saison pluvieuse et la saison quand il pleut. Les cyclones désastreux sont communs en janvier, février, et mars, la saison chaude. Une autre région est le haut, montagneux plateau central où le climat est plus modéré avec les jours chauds et les nuits fraîches à cause de l'altitude. La troisième est la partie occidentale plus sèche de l'île avec ses vastes plaines, accidentées au nord et déserts dans le sud.

Les efforts de la conservation sont faits par quelques groupes pour essayer de sauver les forêts tropicales et la flore rare et faune de Madagascar. Quelques animaux en voie d'extinction, tel que l'aye-aye, sont sauvés en captivité. L'extraordinaire aye-aye est connu pour être regardé comme s'il est composé de parties d'autres animaux : la queue d'écureuil, les oreilles de chauve-souris, les dents de rongeur, et un majeur osseux approfondi pour rechercher les larves dans les trous. Beaucoup de malagasy ont peur de l'aye-aye. La récolte principale à Madagascar est le riz. Mangé trois fois par jour, chaque personne consomme 450 g par jour. Le sisal, la canne à sucre, le maïs, l'arachide, et le tabac sont aussi élevée par la consommation intérieure. Les autres récoltes destinées pour l'exportation sont le café, les épices, et la vanille. La vanille est une orchidée. Chaque fleur doit être fécondée à la main, depuis ceux qui l'ont introduit de Mexique n'ont pas apporté l'insecte fécondateur approprié. Les gousses de la vanille sont cueillies vertes, puis séché lentement pour plusieurs semaines. La plupart des vanilles se terminent pour la fabrication de la glace américaine.

Dix-huit groupes ethniques différents ont été identifiés à Madagascar, mais ils parlent un langage commun, le malagasy. Le Malagasy est écrit avec le même alphabet comme l'anglais et d'autres langues européennes, bien qu'il ait seulement 21 lettres, en omettant c, q, u, w, et x. Il a beaucoup de mots longs composés d'autres mots enchaînés dans un modèle compliqué, donc les étrangers ont souvent des difficultés pour la comprendre. Le langage de la douce voix chantante est agréable à entendre mais difficile pour l'étranger de lire.

Le plus grand clan est le Merina, en comptant plus de 2 millions. Ils varient dans l'apparence du teint clair à une peau très brune et des traits délicats et de petite taille. Auparavant, ils ont été divisés en trois castes – les nobles, les gens libres, et les esclaves. Bien que cela ait été aboli, il y a encore ce sentiment dans lequel quelques-uns sont fiers de leur héritage. Très éduqué, les Merina tiennent beaucoup de places qualifiées et professionnelles.

Une tombe typiquement merina

Le Merina, aussi bien que toutes les tribus partout à Madagascar, adorent leur mort et observent le festival de famadihana, le retournement des morts, quelquefois appelé le retournement des os. Les gens croient que toutes les bonnes choses, y compris la fertilité et la richesse, viennent du mort. Si les ancêtres sont tristes, ils peuvent quitter d'aider ses descendants et la pauvreté ou la stérilité tomberont sur la famille. À cause de cette croyance, beaucoup d'attention est faite aux ancêtres. Si une personne perd un bras ou une jambe, ses parties du corps seront enterré dans le tombeau en avance afin que l'ancêtre soit entier dans l'au-delà.

Durant le festival famadihana, les femmes portent du coton clair, et portent des parapluies et se rassemblent à l'extérieur d'une tombe – qui est habituellement une structure faite en pierre de forme carré avec une porte sur un côté pour le peuple Merina. Les hommes habillés dans de longues robes, quelques-uns dans des costumes, se rassemblent avec eux pour cette cérémonie spéciale. Près de la tombe, il y a un abri de feuilles et de branches sous lequel une bande d'hommes jouent des accordéons, des cors, et des tambours fournissant une musique bruyante pour faire savoir aux ancêtres qu'un festival est tenu en leur honneur. Quelques-uns des femmes et enfants dansent ou chantent.Quelques-uns peuvent jouer la valiha qui est un morceau de bambou de 60 cm à 120 cm long avec 15 ficelles métalliques étirées le long de sa longueur, il produit un son musical comme un guitare doux et amplifié par le bambou.

Les gens croient que les morts veulent entendre les voix des vivants, ainsi ils mettent cet événement plus vivante avec des rires, de la musique, et parler. Ceci doit être un moment heureux afin que les ancêtres sachent qu'ils sont bienvenus de retourner. Les ancêtres deviennent beaucoup plus puissants étant mort que lorsqu'ils étaient en la vie. Souvent le zébu estimé, avec leurs cornes courbées, est sacrifié aux ancêtres. Les cornes sont utilisées pour orner quelquefois la tombe.

Quand la musique est plus bruyante, les hommes vont à l'intérieur de la tombe portant un tapis tissé. Ils reviennent, en portant le cadavre enveloppé dans un drap blanc sur le tapis, et le met sur une plate-forme construite pour ce but. Les hommes reviennent à la tombe et emportent un autre cadavre, et ainsi de suite. Quelques-uns sont des corps récents, quelques-uns sont des os, d'autres rien sauf de la poussière. L'odeur de déchéance est dans l'air. Les cadavres sont mis côte à côte sur la plate-forme. Toute quantité minuscule de chair saupoudrée qui tombe du linceul est rassemblée avec soin et est sauvée.

Homment du valiha

La musique de la bande devient de plus en plus bruyante, et plus de gens se lèvent pour danser. Quand ils terminent la danse, ils s'abaissent aux cadavres. Quelquefois la liqueur est versée comme une libation, et des cigarettes sont laissées pour la personne morte à fumer. Quand l'obscurité tombe, la plupart des gens rentrent à la maison, mais les parents des cadavres restent pour garder un œil sur leurs ancêtres.

Le prochain jour, le chef de la famille apporte trois à sept draps spéciaux appelés lamba mena. Ils sont souvent faits de soie travailler à la main, quelquefois avec des fibres de verres tissées dans le tissu. Considéré sacré, ceux-ci ne sont jamais utilisés pour n'importe quoi mais seulement comme châle d'enterrement.

Après la célébration, l'humeur des gens change, et une sorte de tristesse tombe envers eux. Le chef lève un drap et émet commentaires sur sa qualité fine. Tout le monde répond que c'est en effet un drap fin et certainement montre un respect pour le mort. Comme le groupe se rassemble, les femmes prennent les cadavres et tiennent les corps enveloppés sur leurs genoux, en les caressant et demandant qu'elles soient heureuses. Quelques-uns pleurent, pendant que d'autres parlent à leurs ancêtres. Quelques tribus lavent les os de la personne morte.

Pendant que les femmes parlent au mort, les hommes déchirent le lamba en bande. Chaque cadavre est enveloppé dans un nouveau linceul. Quand ils sont enveloppés, les corps sont placés sur les épaules des gens et sont portés autour de la tombe sept fois. Pendant qu'ils marchent, les descendants signalent les récoltes et les troupeaux et amusent les morts avec les nouvelles du village. Alors ils exécutent une danse simple, en portant les cadavres enveloppés autour de la tombe. Sur le dernier tour autour de la tombe qui a lieu au coucher du soleil, les corps sont donnés aux hommes qui les placent dans la tombe.

La dépense de cette cérémonie est extrêmement élevée, coûtant souvent les salaires d'une année. Payer les musiciens, fournir la nourriture pour les fêtes, et acheter les lamba sont chers. Il est considéré impoli et scandaleux d'aller plus de sept années sans tourner les morts, et il est souvent fait plus si quelqu'un rêve d'une personne morte ou si la stérilité ou la pauvreté maudit la famille. La croyance que les ascendants vivent dans l'esprit crée une raison irrésistible de continuer la cérémonie. Le vivant veut honorer le mort et être en bonne faveur avec eux, depuis qu'ils croient que leurs vies sont contrôlées par leurs ancêtres.

Pendant des années, les os poussiéreux de Ndrianbalo ont été portés hors de sa tombe et sont enveloppés dans les beaux tissus. Mais tous les chants, la communion, et l'adoration des morts ne pourraient pas apporter espoir à son âme perdue ni à ceux qui ont chanté et ont dansé autour de sa tombe. Quelqu'un doit aller dire à ses descendants que Jésus est mort pour eux et a été enterré dans une tombe. Ils ont besoin d'entendre qu'il n'est pas resté mort mais s'est ressuscité pour qu'ils puissent vivre éternellement avec Lui. Seulement le Christ ressuscité peut leur apporter l'espoir. Qui ira ? Qui leur dira ?

3

L'île oubliée

Septembre 1990

À deux mille cinq cent soixante kilomètres au sud-ouest de Madagascar se trouve la ville de Roi William, une petite communauté en Afrique du Sud. Ici avec sa femme, Sandy, et leurs deux filles, Sara, 11, et Jessica, 9, John Cunningham avait complété six années de service comme directeur de mission pour Ciskei, Transkei, Lesotho, et le Cap orientale d'Afrique du Sud.

Sur un matin de Septembre chaud, s'assoyant sur le patio de leur maison, John et Sandy ont reflété sur leurs années de service de mission. « Je me sens si accomplie en travaillant ici », John a fait comme remarque. « Et les ressortissants sont presque prêt à avoir ses propres surintendants de district. »

« Oui », Sandy a répondu, « Dieu a assurément béni les nouveaux districts organisés dans Ciskei et Transkei et une nouvelle région pionnière commencée au Lesotho. »

Deux jours plus tard, les Cunninghams sont partis pour leur conférence de champ annuelle près de Johannesburg. En s'assoyant avec d'autres missionnaires d'Afrique du sud, ils ont écouté le directeur régional Richard Zanner donnant son rapport sur « état de la région », en disant du progrès de l'Église du Nazaréen partout dans le continent africain. En utilisant le rétroprojecteur de tableaux et cartes, il a loué Dieu pour les conseils dans l'avancement du Royaume.

Après 30 minutes de ce rapport, John a commencé à se sentir troublé au sujet de quelque chose qu'il a remarqué sur les cartes projetées. Les régions d'Afrique ont été désignées par couleurs qui représentaient le calendrier d'entrée différentes et l'administration. Une région était régulièrement sans ombrage, la grande île de Madagascar. John s'est demandé quand cette région apparaîtrait ombrager sur la carte. Il a senti un fardeau que quelqu'un dans sa dénomination devrait entrer dans cette grande région.

Pendant la pause du thé, John a approché Zanner et l'a questionné au sujet de l'île oubliée. « Est-ce que nous n'avons considéré jamais de commencer à travailler à Madagascar ? »

Zanner a répondu rapidement, « Oui, nous avons voulu entrer depuis longtemps à Madagascar, mais nous n'avions ni le bon personnel ni les bonnes ressources au bon temps. Cependant, nous voulons encore entrer un jour à Madagascar. Pourquoi est-ce que vous demandez ? »

« Bien, je me suis assis dans la réunion », John a répondu, en « écoutant votre vue d'ensemble d'Afrique et se demandant comment nous aurions pu manquer une telle grande place tout près de Swaziland où nous avons commencé le travail en Afrique. Nous avions entré dans chaque pays de l'Afrique méridional, et j'ai senti un fardeau que quelqu'un devrait aller à Madagascar. J'ai demandé juste parce que j'ai senti ma responsabilité pour vous dire ce que Dieu a mis sur mon cœur. »

« Bien, merci à vous, John », Zanner a répondu. « Pourquoi vous ne joignez pas à nous pour une prière, pour que nous pouvions envoyer quelqu'un là-bas pour commencer le travail, selon la volonté de Dieu ». Marchant dans la salle de conférence, John l'a assuré qu'il veut.

Dix minutes plus tard, Dieu a parlé encore une fois au cœur de John et mettait sur lui le fardeau de Madagascar. Il a commencé à répondre à Dieu. « Pourquoi est-ce que vous me parlez encore au sujet de cette place ? J'ai déjà fait ce que je pensais que vous vouliez que je fasse ; J'ai donné le message à Zanner. Qu'est-ce que vous voulez maintenant ? »

John a commencé à sentir que ceci devenait un appel personnel. « Seigneur, vous m'avez donné un défi où je suis maintenant, en travaillant pour le développement du district pionnière de Transkei aussi bien qu'en surveillant plusieurs autres districts. Je suis vraiment très satisfait et accompli, Seigneur ». De plus il a présenté des raisons pourquoi il ne devrait pas aller à Madagascar, de plus John a senti Dieu l'appelait pour aller avec sa famille à cette île inconnue. Finalement, il a publié son futur à Dieu. « Père, il a prié silencieusement avec des larmes qui glissent sur ses joues, si c'est là où vous voulez que j'aille, j'irai. »

Une inondation de soulagement et de paix est venue quand il a regardé le devant de la pièce. À ce moment, une autre carte a été affichée sur l'écran montrant Madagascar, avec Swaziland et Mozambique, appartenant au Conseil du Champ du Sud-est. Il a écouté la présentation avec plus de concentration.

Pendant la pause du dîner, John a parlé en privé avec Zanner. Il a expliqué que Dieu lui avait encore parlé, et il a senti un défi personnel pour ouvrir le travail à Madagascar. « J'ai dit au Seigneur je serai disposé à aller là si l'église me veut aussi aller et commencer le travail. »

Le visage de Zanner s'est éclairé. « Je ne peux pas penser à une meilleure personne à envoyer. J'ai entendu que c'est une île unique et belle et une place que j'ai toujours voulu visiter. »

« Cette idée en entier est si nouveau », John a dit. Il a mis sa tasse de café vers le bas. « Je me suis rendu compte juste que Sandy ne le sait même pas encore. Quel est le prochain pas si ceci est ce que veut l'église ? »

« Comme vous sachez, Madagascar n'est pas actuellement sur notre liste de pays, le Comité Général a approuvé pour entrer en l'an 2000. Donc, si vous voudriez aller avant cette date », Zanner a continué, « nous devrons obtenir une autorisation spéciale pour l'insérer dans notre plan. Pourquoi vous et Sandy ne devriez visiter mon bureau quand cette conférence est finie, et nous en parlerons plus. »

Comme John est revenu à la table où Sandy asseyait, il a essayé de résoudre comme le mieux en annonçant les nouvelles à elle. Après le dîner, dans leur pièce comme ils préparaient pour le service du soir, John a fait une pause, alors a dit, « Chérie, qu'est-ce que vous penserait de se déplacer à une nouvelle place de service ? »

« Est-ce que tu signifies une autre ville en Afrique du Sud ? » elle a répondu.

« Non. » John a hésité. « Je veux dire un autre pays. »

« Où ? Que se passe-t-il ? »

« Bien, je ne pense pas que je devrais dire maintenant. » John a continué, « j'aimerais que tu pries sur ce sujet et me dire ce que Dieu te dit OK. Elle a répondu, « je veux. »

Pendant le service du soir, Dieu a rassuré John que c'était dans toute sa volonté et de ne pas s'inquiéter au sujet de la réaction de Sandy. Cette nuit, John ne pourrait pas dormir dans la tranquillité dans la chambre d'hôtel éclairée par la lune. Il a regardé doucement vers Sandy et demanda doucement, « Est-ce que tu es encore éveillé ? » Comme elle a tourné vers lui, il a continué. « Qu'est-ce que tu as senti Dieu t'ai dit au sujet de notre déplacement ? »

Sandy a soutenu elle-même sur un coude. « C'est étrange, mais Dieu a rapporté à ma mémoire son appel missionnaire original quand j'avais 17 ans. J'ai encore dit ce soir à Dieu que je serais disposé à aller où qu'il nous mène et le servirait à coté de mon mari. Sa paix m'a rassuré juste comme il a fait en 1971. »

John s'est redressé, en posant ses coudes sur ses genoux. « Ce que je vais te dire est venu sans aucun doute du Seigneur parce que ce n'est pas normal pour moi de monter quelque chose comme ceci sans beaucoup penser et rechercher. » Il s'est mis à lui dire au sujet des pensées des sessions de l'après-midi et fini avec, « Donc je crois que Dieu nous appelle pour commencer le travail à Madagascar. »

« Tu veux dire la grande île proche de Mozambique ? » Sandy s'est demandée. John a fait un signe de la tête. Elle a commencé à poser des questions rapides. « Comment est-ce qu'il est ? Qui vit là ? Quelle langue est-ce qu'ils parlent ? »

« Whoa », John a interrompu, en riant tout bas. « Ne va pas si rapide. En plus, je ne sais rien au sujet de l'île. C'est ce qui rend le concept entier si irréel. C'est seulement Dieu qui nous appelle à aller là parce que je n'ai aucune raison de partir où je suis maintenant. »

Moins d'une heure plus tard, après avoir discuté l'idée aussi loin qu'ils pourraient avec leur connaissance limitée, ils sont tombés dans un sommeil paisible.

Lundi matin John et Sandy étaient assis dans le bureau de leur directeur régional. Il leur a donné un sourire délassant et a demandé ce qu'ils savaient au sujet de Madagascar. « Nous savons si peu que c'est difficile à mentionné », John a dit. « Au sujet de tout que nous savons, c'est au large des côtes de Mozambique. »

« C'est d'accord ; Je vérifierai mes livres, et nous conservons tout apprenez ensemble. » Il a pivoté dans sa chaise et est venu autour avec quelques livres de la ressource de la mission. Feuilleter aux pages sur Madagascar, il a continué, « Il dit qu'il y a 12 millions de gens qui vivent là dans 18 tribus. De cela, 5.5 millions ne sont pas encore touché pas l'évangile. »

John a vu Sandy le regarder. Il savait qu'elle se souvenait de son appel pour aider apportez l'évangile aux gens du bout du monde. Zanner a continué, « Voici quelque chose d'intéressant : les deux langues parlées sont le Malagasy et le Français. »

C'était au tour de John de jeter un coup d'œil sur Sandy. Leurs yeux se sont rencontrés avec un pétillement. Il s'est souvenu de Sandy qui dit, comme ils ont été assignés en Afrique du sud, « Je n'utiliserai jamais les cinq années de Français que j'ai appris à école. »

Zanner a jeté un coup d'œil sur John. « J'aimerais demander que vous fassiez des recherches sur tout ce que vous pouvez trouver au sujet de Madagascar et faites une proposition écrite que je peux apporter au bureau général pour sa réunion de Février. » Après la prière, il les a assurés de son soutien. « Si c'est la volonté de Dieu, je suis sûr qu'il le rendra clair à nous et au bureau général. »

Sur la route du retour, John a prié et a demandé que Dieu confirme cet appel d'une manière tangible. Il a dit à Sandy, « je ne veux pas que cette décision majeure se repose sur une sensation émotive. Je veux savoir assurément que ceci est la volonté du Seigneur. »

Le prochain matin comme John a commencé de faire sa dévotion personnelle, il a demandé itérativement la volonté de Dieu d'être révélé afin que cet appel à Madagascar soit confirmé. Ouvrant sa Bible à un des quatre passages quotidiens dans son plan de parcourir la Bible en une année, il a commencé à lire dans Isaïe 42. Au verset 4, il est venu à un arrêt surpris. Il a lu, « Et que les îles s'attendent à sa loi. »

Il ne pourrait pas le croire. Isaïe, écrit dans une région entourée de terre, mentionnait des îles. Écartant cette pensée, John continuait à lire. Six versets après, étaient les mots, « Chantez à l'Éternel un cantique nouveau, sa louange depuis le bout du monde, vous qui voguez sur la mer et vous qui la remplissez, les îles et leurs habitants » (Verset 10).

Les mots ont saisi John. Son attention pleine était maintenant prête à examiner quoi d'autre peuvent suivre. Deux versets après cela donnent une autre révélation. « Qu'on rende la gloire à l'Éternel et que dans les îles on publie sa louange. » (Verset 12).

À ce point, John savait que Dieu lui avait donné une confirmation spéciale de son appel. Il a senti que c'était sa tâche pour donner la gloire à Dieu en proclamant son éloge à Madagascar et dans les autres îles de l'Océan Indien.

En courant de son bureau vers le bas à travers le couloir, il a appelé, « Sandy, tu ne croiras pas ce que je viens juste de lire » Atteignant la pièce où elle faisait quelque comptabilité pour l'église, il a levé sa Bible. « Écoute ceci. » Il a commencé à lire les versets. « Hier et ce matin, j'ai prié pour que Dieu confirmerait son appel à moi. N'est ce pas extraordinaire le chemin que Dieu utilise pour les réponses de prières ? »

« Oui », Sandy a dit, « Dieu avait une façon de faire ses remarques. »

« Ayons maintenant un temps de prière et remercions-le », John a suggéré. Après la prière, il revenait à son bureau et fini ses dévotions avec une chanson dans son cœur. Il a commencé le travail de sa journée faisant des tâches administratives. Moins de deux heures plus tard, le téléphone a sonné. John a répondu et a appris il parlait avec quelqu'un du département des Affaires intérieures de l'Afrique du Sud.

« Que c'est bien d'être de retour », dit la voix au bout de la ligne.

John l'a questionné, « Où est-ce que vous avez été ? »

« Oh, je suis revenu juste d'une visite à Madagascar avec notre président d'état, M. F. W. de Klerk. Il est allé pour rétablir des liens officiels avec le gouvernement malgache et commençait par des vols hebdomadaires entre les deux pays. »

L'homme avait maintenant toute l'attention de John. « Dites-moi au sujet de votre voyage là-bas, » il a commencé, en essayant de comprendre ce coup de téléphone étonnant. C'était la première qu'une personne a appelé et mentionné des mots au sujet de Madagascar. La conversation pourrait durer une heure à sa demande pour la confirmation de son appel pour aller à Madagascar. L'homme continuait à dire plus au sujet de cette place fascinante.

Après l'appel, John a mis sa tête sur son bureau. « Je te remercie Seigneur, pour reconfirmer votre appel. Je suis excité au sujet d'aller et vous servir à Madagascar. »

Le jour suivant, John lisait encore plus dans Isaïe pendant ses dévouements et a rencontré ces mots : « Tournez-vous vers moi et soyez sauvés, vous tous les confins de la terre ! Car je suis Dieu, et il n'y en a point d'autre » (45 :22).

Plus tard dans la journée, John prit sa voiture pour la bibliothèque municipale, et cherchait un livre sur Madagascar. Dans le livre, il y a une citation d'un poète malgache qui a fait référence à Madagascar comme être une île au bout du monde. Il pensait aux mots d'Isaïe et savait que Dieu avait encore confirmé son appel pour la grande Île Rouge.

Quatre jours plus tard, un verset supplémentaire est ressorti dans l'esprit de John et dans son cœur pendant ses dévouements personnels dans Isaïe, « Je mettrai un signe parmi elles, et j'enverrai de leurs rescapés… aux îles lointaines qui jamais n'ont entendu parler de moi et qui n'ont pas vu ma gloire ; et ils annonceront ma gloire parmi les nations » (66 :19).

« C'est bien Seigneur, vous faites votre remarque fort et clair. »

Quelques minutes plus tard le courrier est venu. Sandy a placé un bulletin d'informations d'un autre groupe de mission sur le bureau de John. Quand il a lu, il a vu une section qui demande aux lecteurs de commencer à prier pour des missionnaires pour aller à Madagascar. Encore, John a arrêté et remercie Dieu pour confirmer son appel dans un chemin différent.

La confirmation a continué. Pour les 95 prochains jours, chaque jour apportait quelque nouvelle ou événement qui se passent là-bas. Quelquefois c'était dans le journal, télé ou radio ; L'autre jour, c'était un appel téléphonique ou une personne qui lui parle directement ou quelque chose qu'on a reçu dans le courrier. Incroyablement, Alain et Nicole, un couple malgache qui travaille en Afrique du Sud, étaient venus rester à leur maison pour trois jours. Jour après jour, John a loué et a remercié le Seigneur. Il a senti que Dieu a dû avoir un sens d'humour pour répondre à sa demande de confirmation.

Peu à peu, il savait comment Dieu préparait le chemin pour l'Église du Nazaréen d'entrer dans cette place pour travailler avec d'autres afin de propager l'évangile du Salut total. John a commencé à sentir le désir ardent et le besoin de visiter l'île unique que Dieu avait mis sur son cœur.

En février 1991, le Bureau Général a donné l'approbation pour la Région d'Afrique d'enregistrer l'église à Madagascar. Avec ce soutien, John a fait sa première tentative de visiter l'île en septembre 1991. La visite a échoué à cause des grèves et des troubles généraux à Madagascar. Il a organisé alors une visite pour Avril 1992 et a attendu patiemment le jour à venir.

4

Une rencontre extraordinaire

Avril 1992

En montant l'escalier du Boeing 737, l'excitation de John est montée comme il vérifiait la carte d'embarquement. « Vol MD721 d'Air Madagascar, départ à 12h, midi. » Il arriverait à la capitale, Antananarivo, mieux connu comme Tana (TAH-na), à quatre heure cet après-midi. John s'est assuré que son appareil-photo était prêt pour sa première vision momentanée aérienne de l'Île Rouge.

En l'air à 9 000 mètres d'altitude, John a vu au-dessous les eaux bleues du Canal de Mozambique avec une île occasionnelle entourée par les récifs du corail. Comme le pilote a annoncé leur passage sur le bord de l'ouest de Madagascar, John a photographié le paysage stérile. Les lits de rivière secs et les sols brûlés sont étirés aussi loin qu'il pourrait voir l'est. Le long des rivages sablonneux sans fin, il a vu des villes bordées par des pistes d'atterrissage.

Comme ils descendaient par-dessus du plateau central de la région montagneuse de l'île, John a vu un patchwork de rizières allant sur les versants de collines jusqu'aux ravins des lits de rivière. Chaque espace possible était entassé de terre cultivée efficacement et pour prévenir l'érosion de la terre donnant la vie. Les champs du riz suivaient le cours de rivières pour permettre l'irrigation au réseau de terrains agricoles.

Maison sur le flanc des collines à Tana

Le soleil de la fin d'après-midi a bruni les pittoresques maisons à étages avec une douce lueur orangée. L'ombre de l'avion a joué sur la campagne suburbaine comme ils ont approché l'aéroport International d'Ivato. Sortant l'avion et traversant le tarmac avec la brise, John a respiré une prière de gratitude pour son arrivée sûre. Les douaniers ont cherché méticuleusement ses bagages et ses effets personnels. Après avoir vidé ses poches pour déclarer son argent, John a été demandé ouvrir les boîtes en carton qu'il a apporté dans sa valise. Les inspecteurs de douanes curieux, ont entassé autour. Quand John a coupé la dernière ficelle et a ouvert l'ouverture, des sursauts audibles ont été entendus quand ils ont vu le contenu.

John sortait quelques tracts d'évangile imprimé en Malagasy, en Français, et en Anglais. Il les distribuait aux mains tendues des inspecteurs. Quand ils ont examiné les mots, ils ont rassemblé d'autres fonctionnaires. Leurs visages enchantés ont dit beaucoup à John, pourtant il ne pourrait pas comprendre la plupart de leur conversation. « Est-ce que vous pourriez nous apporter s'il vous plaît plus de tracts comme ceux-ci afin que nous puissions lire plus au sujet de votre église ? » un inspecteur a dit, avec un mauvais anglais.

John a fait un signe de la tête et a dit, « Oui », faisant une note mentale pour donner suite à cette demande.

Les chauffeurs de taxi ont entassé John, en essayant de prendre son bagage pour indiquer qu'ils le prendraient. Il ne comprenait aucun mot de ce qu'ils disaient et ne savaient pas s'ils essayaient de voler son bagage ou l'aider vraiment. Les banques de changes aéroportuaires ont été fermées à cause d'un jour férié national, et cela l'a empêché d'échanger ses dollars en francs malagasy et de louer un taxi.

John avait fait des arrangements pour rester près de l'aéroport au centre de conférence de la Ligue pour la lecture de la bible. Pasteur Emilien, le directeur, devrait le prendre, mais il n'était pas là. Essayant de trouver quelqu'un qui savait au sujet du centre, ou le directeur, John a trouvé finalement deux fonctionnaires aéroportuaires qui ont parlé un peu l'anglais. Angelo et Arlette ont consenti à l'aider. Ils ont essayé d'appeler avec le numéro sur l'annuaire, aucune réponse. Ils ont essayé d'utiliser le numéro de téléphone que John avait, mais le téléphone n'était pas en ligne. Ils ont circulé l'aéroport, en demandant aux autres fonctionnaires s'ils connaissaient Pasteur Emilien Aucun ne connaissait.

Quatre heures sont allées. John a continué à prier, en sachant que Dieu avait un but dans ce délai. Une heure avant la fermeture de l'aéroport pour la nuit, Arlette est entrée dans le bureau où John asseyait. « Je pense que nous pouvons avoir quelque aide », elle a dit. « Un caissier ici au nom de Voahangy a entendu parler d'un pasteur par le nom d'Emilien, mais elle ne sait pas de la Ligue pour la lecture de la bible. Nous pouvons vous prendre avec nous et essayons de le trouver quand nous rentrons à la maison ce soir. »

Les lumières ont commencé à s'éteindre à 9 h du soir. À l'extérieur, dans une bruine chaude, John se joint à Angelo, Arlette, et Voahangy qui ont monté dans un car de l'aéroport. Le conducteur s'est hâté de fermer. John a regardé dans l'obscurité, en essayant vainement de voir la campagne. Il a été excité et encore s'est senti calme, en sachant que tout cela faisait partie du plan de Dieu. Ses nouveaux amis ont bavardé en Malagasy. John a essayé d'attraper une expression familière ou mot mais n'a rien reconnu dans cette nouvelle langue. Durant le trajet, ils lui ont appris à dire salama (« Bonjour »), misaotra (« Merci »), et veloma (« au revoir »).

Ils s'étaient arrêtés devant un portail fermé à clé. Entendant le klaxon, le gardien était venu partout et leur a permis d'entrer le portail. John est sorti avec Voahangy. Pendant qu'elle a parlé en Malagasy à une femme, John a vu un homme marchant ayant la peau claire et pensait, Peut-être il comprendra quelques anglais et me dit où je suis.

Une minute plus tard, Voahangy a tourné à John et a instruit, « Vous pouvez rester ici. Nous allons rentrer maintenant. » John a remercié ses compagnons et retournait pour appeler l'homme inconnu, mais il avait disparu. La femme a salué John et l'a fait signe pour la suivre. Il a pris ses bagages et l'a accompagnée vers un bâtiment plâtré à un étage. Quand ils ont atteint le sommet de l'escalier escarpé, elle a tourné et a ouvert une petite porte, donnant accès à une petite chambre en panneaux de bois avec plafond incliné. Elle a pointé ses bagages et puis une table, a tourné, et fermé la porte sur la sortie.

John a déballé sa valise, puis a ouvert une porte latérale étroite qui mène à un balcon minuscule qui donnait une vue du centre de la conférence et la campagne environnante parsemée de maisons parmi les rizières. Il a prié qu'il peut être dans la bonne place et pour la volonté de Dieu d'être fait. Comme il est revenu dans sa nouvelle pièce, il a entendu un coup à la porte. Il a ouvert la porte, et là se trouvait l'homme qu'il avait vu quand il est sorti du fourgon.

« Bonjour, je suis Paul McBride », il a salué. « Bienvenu à la ferme. »

John a rendu la salutation et a demandé, « Où est-ce que je suis ? Est-ce le Centre de conférence de la ligue pour la lecture de la bible ? »

« Vous l'avez », Paul a répondu avec un sourire amical. « Est-ce que vous aimeriez venir à ma chambre et avoir une tasse de thé ? »

Voulant savoir plus au sujet du centre et de Madagascar, John a consenti aisément. « Dites- moi, Paul, John a dit, en suivant l'homme dans sa pièce, qu'est-ce qui vous a apportés à Madagascar ? »

« C'est une longue histoire », Paul a répondu, en allumant un petit brûleur portatif, « mais je veux garder ça pour une autre nuit. Vous ne pouvez pas détecter de mon accent, je viens de l'Australie que j'ai quittée il y a plusieurs d'années maintenant. J'ai voyagé à travers le monde et fait plus à 40 ans que la plupart des gens dans la vie. »

« Qu'est-ce que vous faites maintenant ? »

Paul a vérifié l'eau et a dit, « Croyez-le ou pas, je suis le nouveau président d'Afrique Télévision Réseau, dite ATN tout court. »

Pendant que le thé est préparé, John a écouté attentivement comme Paul a décrit comment il était engagé avec une station de télévision de satellite internationale à Madagascar. En buvant à petites gorgées la boisson forte, il a demandé des questions à Paul au sujet des buts de cette jeune organisation de télé. Il a découvert que Paul avait une inquiétude profonde pour les enfants de rue sans foyer de Tana.

« J'aimerais voir ces enfants », John a dit comme ils ont tout deux fini leurs boissons chaudes. « Peut-être c'est une région que notre église peut être impliquée à travers les ministères de compassions. »

« Je vous prendrai là la semaine prochaine », Paul a répondu. « Je vous montrerai les scènes qui feront saigner votre cœur. La plupart des enfants sans foyer ne reçoivent pas d'attentions ou aides dans Tana. Peut-être le bon Seigneur vous a envoyés ici pour partager quelque amour et faire une différence. »

Trente minutes plus tard, John revenait dans sa pièce en essayant de mettre la moustiquaire sur son lit, en pensant encore aux mots de Paul. « Merci, Seigneur, pour m'avoir appelé à cette île au bout du monde. Merci pour me donner l'occasion de partager votre amour et montrez la différence que vous avez fait dans ma vie. »

Au moment où qu'il a grimpé dans lit et commencé à arranger la moustiquaire, il a entendu quelqu'un frappé à la porte et une voix. Invitant la personne à entrer, John s'est assis dans lit. « Bonjour, je suis Emilien, et vous devez être Pasteur John. »

John a tiré le filet de côté et est sorti du lit. « Bonsoir. Bien sur, c'est bien de vous rencontrer. Je me demandais si je ne vous trouverais jamais. »

Après une excuse, pour l'explication d'un long mariage qu'il a officié dans la soirée, promettant plus de discussion le matin, Emilien souhaitait une bonne nuit à John et partait.

Le prochain matin, John s'est joint à Emilien et sa famille pour un petit déjeuner typique de café noir fort, du pain, et du miel. « Qu'est ce qui diffère l'Église du Nazaréen de nos églises protestantes ? » Emilien demandait. John a expliqué la doctrine de la sainteté basée sur la Bible et lui a donné plusieurs livres au sujet de l'histoire et doctrine de l'église du Nazaréen.

« Qu'est-ce que votre église espère accomplir à Madagascar ? » Emilien a continué.

John lui a dit ils voulaient aider d'autres églises à Madagascar pour atteindre les 5.5 millions de gens qui n'ont jamais entendu le chemin de salut expliqués clairement.

« Madagascar a déjà assez d'églises mais pas assez de missionnaires. Est-ce que vous pourriez considérer venir dans notre pays et travailler avec une de nos dénominations existantes ? »

John a expliqué qu'il était missionnaire d'une dénomination et pas un missionnaire de la para-église. « Qu'est-ce qu'il prend pour une dénomination d'église d'être enregistré avec le gouvernement ? » il a demandé.

« L'exigence principale est d'avoir 100 membres qui enregistreront l'église et ensuite d'inviter le missionnaire venir à Madagascar et les joindre. »

« Comment est-ce que nous pouvons obtenir les membres exigés que vous avez mentionné s'il n'y a aucun pasteur missionnaire ou national les gagner eux à Christ et les présenter à l'église ? »

Emilien pensait un moment et alors a dit, « Peut-être vous devriez venir et travailler avec les groupes existants comme d'autres missionnaires avaient fait. »

John a répondu, « je comprends ce que vous venez de dire, Emilien, et c'est vrai que quelques organisations de mission ne sont pas attachées à une dénomination. Il n'y a rien de mal avec cela, comme nous avons besoin de leurs aides. Cependant, j'ai été ordonné dans une dénomination qui envoie des missionnaires dehors pour gagner des âmes et construire des églises, et ils attendent que je les représente. »

« De plus », John a continué, « j'aime mon église et j'aime travailler dans notre structure. Maintenant Dieu m'a appelé pour venir à Madagascar pour travailler, et mon église est disposée à m'envoyer. Par conséquent, je pense que ce serait meilleur pour moi pour venir, représenter mon église et travailler avec d'autres églises évangéliques dans le but d'atteindre les millions de gens qui n'ont jamais eu le chemin de salut expliqué à eux. »

Emilien a fait un signe de tête. « Peut-être vous pourriez faire des voyages courts ici et travailler à ériger une congrégation. Alors quand il y a assez de convertis, vous pouvez enregistrer votre église. »

John s'est rendu compte que ce serait un défi qui prendrait beaucoup de prière et l'intervention spéciale de Dieu. Le prochain jour, il a mentionné cette difficulté de l'enregistrement à Paul qui immédiatement a répondu, « si vous avez besoin d'un travail, vous pouvez travailler pour moi à ATN comme mon directeur de programmes religieux. Cela permettra d'avoir votre permis de travail avec le gouvernement dont vous avez besoin pour vivre ici. »

S'asseyant sur le balcon de la pièce de Paul, ils ont parlé tard dans la nuit de leur vision et rêves de travailler ensemble. Plus tard, sous la moustiquaire, l'esprit de John tournait quand il est allé sur les événements de ce jour. C'était incroyable. Seulement un Dieu omniscient aurait pu projeter d'avoir le directeur d'un réseau de télévision internationale de rester dans le même bâtiment et avoir les mêmes buts et plans comme un missionnaire Nazaréen.

5

Les enfants de rue

Avril 1992

Le soleil brillant dans la fenêtre du balcon a réveillé John le Mercredi matin. Il venait de passer à un accrochage avec la mort au cours des quatre derniers jours, après avoir contracté une maladie aiguë qui l'a laissé dans un état de coma. Pendant la nuit, Dieu l'a bien vaillamment guéri. Dans le couloir, John a rencontré Paul, qui l'a emmené pour rencontrer Léon, le chauffeur de l'ATN. En direction vers Tana, ils roulaient sur des chaussées étroites avec d'innombrables rizières des deux côtés. Avec des changements continuels de vitesses, Léon a piloté le Toyota station wagon dans le trafic croissant de piétons, de moteurs et de charrettes de zébu. John abaissait la fenêtre et a senti que l'air frais du matin lui brossait sa face.

« N'oubliez pas notre voyage aujourd'hui », a déclaré Paul sur son épaule. « Je veux vous montrer les enfants de la rue et la façon dont ils vivent. »

Les rizières

« Ces rizières sont un parfait écosystème », a commenté Paul. « Ils inondent les champs à partir des canaux qui fournissent un habitat pour les poissons et les moules. Cette vie aquatique est mangée par les canards qui vivent dans les rizières. Les Malgaches mangent les canards et les poissons. Pendant ce temps, les rizières sont plantées de riz et sont récoltées deux fois par an. Après chaque récolte, leur zébu vit dans l'eau comme un buffle d'eau, en mangeant d'autres plantes qui poussent dans l'eau.

« Après que l'eau a été évacuée ou a été absorbée par le sol, » continua-t-il, « les briquetiers arrivent et les champs deviennent des places pour les briques. La boue est moulée à la main, en utilisant des formes en bois, et ensuite étalée pour sécher. Il est cuit au four dans de grandes piles. Ensuite, il est temps d'inonder les rizières à nouveau, et le cycle se répète. »

« Il semble que les gens soient vraiment conscients de l'environnement ici », a déclaré John.

« J'aimerais que ce soit aussi parfait que partout dans toute l'île », a répondu Paul. « Il existe de nombreuses autres façons dont les gens détruisent l'environnement. Un exemple est le défrichage de leurs terres. Ils coupaient les forêts pour le carburant et débroussaient les terres pour les cultures de légumes et les maisons. Les pluies érodent les coteaux. Le sol et le limon se balayaient dans les rivières et bouchent l'eau vivifiante. »

« Il semble que vous et votre réseau de télévision puissent vraiment aider à éduquer les Malagasy et informer le monde de l'importance de la protection de l'environnement », a déclaré John pensivement.

La voiture, avec les freins qui grinçaient, s'arrêtait devant le bâtiment de l'ATN. John remarqua que deux petites filles avec des vêtements en lambeaux couraient vers eux. « Paul, Paul », criaient les enfants.

Paul rit et s'accroupit, ouvrant les bras. « Eh bien, voici votre première introduction aux enfants de la rue. » John se pencha en lui donnant la main. Les enfants ont pris leurs bras sales et dépouillés de l'épaule de Paul et ont secoué la main de John. « Les enfants », a déclaré Paul en anglais,

« c'est pasteur John ». Il est un nouvel ami. « Les enfants ont regardé le visage de Paul en indiquant John en disant : « Pasteur John. »

« Pasteur John », ont-ils imité.

En essayant son malagasy, John a répondu, « Salama ». En riant, ils ont retourné de gros sourires.

En menant John dans son bureau, Paul continua. « Vous savez, votre église et l'ATN pourraient être un véritable catalyseur pour aider à apporter des changements durables à cette planète mourante. Nous pouvons alerter les gens de l'état de l'environnement et leur dire comment arrêter la destruction. »

« Et nous pouvons alerter les gens de l'état de leur vie et de ce qu'ils peuvent faire pour arrêter la destruction », a ajouté John. « Nous avons un message d'espoir à leur donner pour l'instant et pour l'éternité. »

« N'oubliez pas les enfants sans abri ici à Tana », a déclaré Paul en allumant l'ampoule au dessus de leur tête. « Lorsque vous commencez votre ministère, faites quelque chose qui leur offrira de l'espoir. Asseyez-vous, vicaire, et laissez-moi vérifier mon télécopieur. « Il a déchiré une feuille de papier de l'appareil alors qu'un jeune malagasy entrait.

Paul leva les yeux de la lecture du message de la télécopie et dit : « John, voici Mamy, mon administrateur de bureau et mon assistant. Je ne pouvais rien faire sans lui. »

« Je suis très heureux de vous rencontrer », a déclaré Mamy en souriant et en étendant la main. « Paul m'a parlé de vous. Je suis également un croyant. »

John lui serra la main et dit : « C'est un plaisir de te rencontrer et d'être ici dans ta jolie ville. »

« Plus tard aujourd'hui Mamy peut vous emmener à la banque pour échanger votre argent », a déclaré Paul. « Il sera vraiment utile pour vous et peut vous présenter de nombreuses personnes, et être un interprète français ou malagasy. »

Le téléphone a sonné, et alors que Paul l'a répondu, Mamy a pointé une carte murale. « Permettez-moi de vous montrer où se trouve notre bureau. » John a vu la ville être construite autour d'un petit lac en forme de cœur. En décidant qu'il faudrait beaucoup de temps pour trouver les rues en zigzag et tournantes, il s'est assis sur une chaise en face de la carte et a tenté de suivre chaque rue à mesure qu'elle sortait de l'emplacement de l'ATN.

Trente minutes plus tard, John se sentait plus orienté.

Paul a dit : « Pourquoi ne vas-tu pas avec Mamy à la banque avant qu'il ne ferme. »

« Mais ce n'est que 10h30 », a répondu John.

Paul rit. « C'est une autre chose à laquelle vous devez vous habituer ici. Les banques ferment à 11h00 le matin et ne s'ouvrent qu'à 2h00 dans l'après-midi. »

En allant à la banque avec Mamy, John est passé devant de nombreux vendeurs ambulants essayant d'amener les passants à acheter leurs marchandises. Ils voyaient des garçons portant des paniers de fraises rouges mures, des femmes assises sur le trottoir derrière des oranges fraîches empilées en petites pyramides, des hommes en chapeaux de paille portant de grosses grappes de bananes jaunes et vertes et des filles avec de journaux quotidiens malagasy portés sous leurs bras.

En sortant des bordures et traversant les rues pour éviter les voitures en mouvement et les camions, ils se dirigeaient vers la banque. Avant qu'ils traversent la dernière rue, plusieurs jeunes hommes tenant des œufs énormes et blancs leur ont fait signe. John a tiré le bras de Mamy. « Qu'est ce que c'est ? », a-t-il crié avec le bruit de la circulation et des vendeurs.

« C'est l'œuf de l'oiseau éléphant », a déclaré Mamy. « C'est l'oiseau célèbre de Madagascar. » John regarda la coquille dure et épaisse, fendue dans des douzaines de directions. Mamy a expliqué : « L'oiseau est disparu, mais ils trouvent encore des morceaux d'œufs sur certaines plages et endroits du sud. Ils les collent ensuite sur un moule, comme un puzzle. Il est très rare de trouver un œuf entier aujourd'hui. »

En achevant son échange de devises, John a appris du caissier de la banque que l'argent malagasy n'est échangé nulle part dans le monde, ce qui en fait une monnaie inutile à l'extérieur du pays. Cependant, avec le taux de change élevé, John s'est éloigné avec un gros morceau de billets remplis dans son porte-monnaie.

L'œuf de l'oiseau éléphant

De retour au bureau d'ATN, Paul a suggéré qu'il était libre jusqu'après le déjeuner pour se promener avec John dans les rues de la ville. Comme ils ont quitté le bâtiment, Paul a déclaré : « Dans quelques minutes, vous verrez certains des pires sites de votre vie. »

« Que voulez-vous dire ? »

« Je vais vous expliquer quand nous y serons », a répondu Paul.

« OK », répond John, « allons-y ».

En descendant du trottoir, ils arrivèrent à une femme paralysée assise, les pieds inclinés, avec une lamba blanche enveloppée autour de son corps fragile. « Je porte toujours des petites pièces de monnaie avec moi », a déclaré Paul, « alors, quand je rencontre mes habitués, j'ai quelque chose à leur donner. » Laissant tomber une pièce dans sa tasse tendue, il lui fit un signe de tête et reçut un large sourire sans dents alors qu'elle balançait la tête.

Un petit garçon, agrippant la main d'un bambin, est venu traverser la rue avec les pieds nus. John a vu leurs cheveux gris, sales et noirs, qui semblaient n'avoir pas été lavés depuis des années. Malicieusement, le garçon saisit la main de Paul et se mit à balancer sur le côté. La petite fille saisit son autre main et trottait en essayant de continuer.

« Où ces enfants dorment-ils la nuit ? » demanda John.

« Partout où ils peuvent trouver une place : dans les portes, sous les marches, dans les allées, dans les poubelles ou sous des boîtes en carton. Je vais vous montrer quelques endroits pendant que nous marchons », a répondu Paul. « Est-ce que quelqu'un s'occupe d'eux ? » demanda John, en regardant les oursins en loques qui tiraient le pantalon de Paul.

« C'est l'un des situations déchirantes ici dans les rues de Tana. Pouvez-vous imaginer des bébés et des enfants sans personne pour les nourrir, personne ne les mette au lit la nuit, personne ne leur donne un bain, personne ne change les couches ou ne les habille pas, personne ne les soigne quand ils sont malades, Personne ne les discipline ni les entraîne, et tragiquement, personne ne les aime ? »

« Combien d'enfants vivent dans la rue ? » Demanda John.

« Personne ne le sait, parce qu'il est trop difficile de les trouver et de les compter avec précision », a déclaré Paul, « mais les meilleurs calculs montrent environ 7 000 enfants sans abri dans les rues ici à Tana. »

John s'est étonné. « Vous devez vous moquer. D'où viennent ces enfants ? »

Paul s'arrêta et frotta les cheveux enroulés d'une petite fille. « Ces enfants sont les rejets de la société. Lorsque leurs parents décident qu'ils ont trop d'enfants, ou pour des raisons superstitieuses, ils les abandonnent sur le marché pour mourir ou survivre par eux-mêmes.

En regardant les corps émaciés des enfants, John a demandé : « Mais qui les nourrit ? »

« S'ils ont de la chance, un enfant plus âgé va les découvrir et les prendre sous son aile et trouver de la nourriture pour eux. » Paul a donné à l'enfant plus âgé une pièce de monnaie et les a doucement envoyés à partir. « Allons-y dans la rue, et je vais vous montrer que certains enfants s'occupent d'autres enfants. » Accablé, John s'est demandé comment il et son église pouvaient aider les milliers d'enfants abandonnés.

Prenant son chemin sur la rue pavée, Paul fit un pas en pointant en avant. « Vous voyez cet escalier en pierre de l'autre côté de la rue ? Il abrite huit enfants. Quatre d'entre eux tentent de se rassembler, de mendier ou de voler de la nourriture pour leur repas de demain.

John regarda. Il ressemblait à une décharge de la ville. Les anciennes boîtes en carton, les chiffons et les bâtons bordaient le trottoir et les escaliers. Des rampes accrochées à une rampe rouillée. Deux enfants se sont assis sans pitié sur les marches inférieures dans la chaleur étouffante, leurs vêtements déchirés en bandes. L'un était en train d'enlever les poux des cheveux d'un autre. Sous les escaliers, une bande d'humanité se posait dans les débris. Les jambes brunes dépassaient le bord d'une boîte sale. À proximité, un enfant plus âgé a utilisé un bâton pour remuer le prochain repas dans un ancien récipient métallique.

Il a brisé le cœur de John pour voir la scène. Pourquoi personne ne les aide ? Il faut que nous puissions aider ces pauvres enfants. Il souhaitait pouvoir rester et commencer un ministère de compassion à Tana.

« Revenons en arrière », a déclaré Paul. « Il y a encore un endroit que je veux vous montrer aujourd'hui. » La rue était relativement calme maintenant. Il a dit à John que, comme il était maintenant après 12 heures, la plupart des magasins seraient fermés jusqu'à deux heures de l'après-midi.

Ils marchaient lentement dans la chaleur de midi. John remarqua des enfants allongés sur le trottoir à côté d'un bâtiment en carrelage. Paul a commenté : « Il y a juste quelques enfants qui sont allongés là-bas, mais ce soir, ce lieu sera emballé avec des enfants. Ce que vous ne pouvez pas voir, c'est que la grille sur laquelle ils se trouvent a des trous percés à travers elle. Le système de refroidissement à l'intérieur du bâtiment évacue l'air chaud échangé à travers les grilles. Il devient un endroit préféré pour les enfants de se réchauffer pendant la nuit. »

En se rapprochant, John vit les vêtements en lambeaux que les enfants portaient avaient de gros trous les exposant aux éléments. Les lésions courantes couvertes de mouches, les pieds gris avec de la poussière de charbon et de la saleté, et les membres d'allumettes ont créé une scène qu'il n'oublierait jamais.

Au moment où ils traversaient la rue, une idée de comment il et son église pourraient faire quelque chose au sujet du sort de ces enfants, a commencé à se formuler dans l'esprit de John. Il a décidé de prier à ce sujet avant de le mentionner à quiconque.

Pendant ce temps, John a prévu de visiter d'autres parties de Madagascar pour élargir sa vision des besoins dans ce vaste pays. Clint Akins, un missionnaire conservateur baptiste, l'a présenté à un pilote de Mission Aviation Fellowship (MAF). John a pris des dispositions pour voler avec MAF vers la ville portuaire de Toamasina, dans la côte est.

Deux jours avant qu'il ne fasse voler avec la MAF, John a reçu un appel téléphonique du pilote en disant qu'il devrait remettre le voyage car il n'avait pas assez de passagers pour garder le coût abordable. John a décidé de prendre le bus. Léon, le chauffeur d'ATN, a fait une réservation pour lui. Cette nuit-là, John a remercié le Seigneur de l'avoir amené dans ce pays et s'est demandé ce que le lendemain apportera au déploiement de son plan pour Madagascar.

6

Un rendez-vous miraculeux

Mai 1992

Le miracle a commencé dans les premières heures avant le lever du soleil sur les collines entourant Tana. Léon a repris John à 5h30 dans une voiture Toyota. En buvant le long de la route infestée de nid-de-poule dans l'obscurité, John a pratiqué son français limité. « Bonjour, Léon. Comment ça va ? »

« Ça va bien ! »

Le soleil se leva alors qu'ils arrivaient à la gare, révélant des dizaines d'autobus alignés devant un ancien bâtiment en plâtre. Certains des véhicules ressemblaient à des fourgonnettes, à d'autres wagons de la gare, d'autres encore de petits bus appelés taxi-brousse. Pendant que Léon reprenait la route, John entra dans le bâtiment, ne sachant quoi faire, où trouver son autobus ou comment acheter un billet. Enfin, quelqu'un derrière le compteur a crié quelques mots en français. John, devinant que l'homme lui demandait où il allait, a répondu : « Toamasina. » John a regardé les réservations et a vu « Pasteur John » dans un petit cahier de papier. En montrant son nom du doigt, John a pu acheter son billet et regardait ses bagages en train d'être chargé. L'odeur du carburant diesel se mêlait à celle du pain frais, du caoutchouc et de la fumée de cigarette.

Taxi-brousse

Deux jeunes garçons, à la recherche de clients, ont roulé des pneus usés par l'avant du comptoir. Des vendeurs hommes et femmes avec des plateaux de marchandises portés sur leurs cous appelaient John. En voyant les marchandises exposées, John devinait qu'ils disaient :

« Achetez mon pain. »

« Voulez-vous des cadres photo ? »

« Lunettes de soleil à vendre. »

« Voulez-vous une cigarette ? »

« Voulez-vous un T-shirt ? »

John continua à secouer la tête. « Non, merci. » Il gardait ses yeux sur sa valise attachée, avec d'autres bagages et de lourds paniers de légumes à feuilles vertes, en dessus du bus.

Alors que John se joignait aux autres qui entraient dans le taxi-brousse, le chauffeur le retenait et parlait à un autre passager, un jeune homme qui a été invité à prendre le siège avant du milieu. Léon avait demandé un siège derrière le conducteur pour John pour lui donner plus d'espace pour les pieds, mais le conducteur fit un signe à John de prendre le siège de la fenêtre du passager devant. John s'est assis à côté d'un malgache mince, avec une peau brun clair, des cheveux bouclés et une moustache.

Bachoté épaule à épaule, John a bravement essayé sa seule phrase en français une fois encore, « Bonjour. Ça va ? »

Clignotant un large sourire, le jeune homme répondit : « Ça va bien ».

Le miracle avait commencé. John ne savait pratiquement pas que ce rendez-vous imprévu entraînerait son premier converti, le début des services religieux et de nombreux autres contacts pour l'église.

En continuant de parler en français, le jeune homme a posé une autre question. John a répondu en anglais : « Je ne parle pas français. » Puis, l'homme a changé en anglais brisé et a dit : « Je veux essayer de parler anglais avec vous, mais je ne parle pas très bien. »

« Je m'appelle John Cunningham. Comment vous appelez-vous ? »

« Je m'appelle Guitout Ramasinoro. Où allez-vous ? »

John lui a dit qu'il voyageait tout le chemin vers Toamasina, et il voulait prendre le train pour le retour à Tana. Il a découvert que Guitout était un étudiant qui revenait à l'université de Toamasina pour sa dernière année.

Comme ils ont parcouru la route en pavée vers l'océan Indien, en quittant les haut plateaux, Guitout a dit à John que sa famille vivait à Tana et qu'il travaillait pour un diplôme en économie. Il a dit qu'il rencontrerait sa fiancée, Nivo, également étudiante à l'université, ce soir-là.

Sachant que c'était l'une des rares forêts tropicales restant dans le monde, John a apprécié la beauté des vignes, des orchidées, des fougères et des immenses arbres indigènes le long de la route. Il essuya la transpiration de son front alors qu'ils traversaient des forêts profondément ombrées, des plantations de café et des champs de canne à sucre.

John a parlé à Guitout à propos de sa famille en Afrique du Sud et a discuté de l'église du Nazaréen. Guitout semblait intéressé à en savoir plus sur l'église et a invité John à faire un souper chez lui dans son dortoir après son arrivée. Il a dit que sa fiancée comprend l'anglais mieux que lui et pourrait l'aider à mieux comprendre la conversation.

Sur le chemin, ils se sont arrêtés dans un petit village pour le petit-déjeuner

Guitout et Nivo

Tout le monde sortit du taxi-brousse et se dirigea vers les vendeurs en bord de route. Pendant que les autres passagers ont acheté des frites, John a acheté 10 petits sachets d'arachides appelés « voanjo ». Plus tard, alors que John partageait les cacahuètes fraîchement rôties avec Guitout, le bus a été obligé de s'arrêter sur un pont derrière une longue ligne de circulation. Les passagers sont sortis et sont descendus vers la rivière et ont vu des ouvriers essayer de remplacer le plancher manquant du pont à une voie. Au cours de l'attente de trois heures, John et Guitout se sont mieux familiarisés et ont échangé des photographies. Guitout a invité John à passer la nuit avec lui. Lorsque l'équipe de construction a quitté le pont, ils sont retournés dans leur autobus et ont continué à l'Est.

Juste avant la tombée de la nuit, Guitout a demandé au conducteur de s'arrêter à côté de l'entrée de l'université où Nivo a attendu. Après que leurs bagages ont été jetés du toit, Guitout a présenté John à Nivo, une jolie jeune femme malgache aux cheveux longs et noirs. Les trois se sont promenés dans le dortoir de Guitout, l'un des nombreux bâtiments en plâtre avec un étage dans un champ arboré ouvert.

Nivo a dit que Guitout serait 30 ans le lendemain, alors John a demandé s'il pouvait les inviter à dîner pour célébrer. Dans un taxi à l'entrée de l'université, John a payé le conducteur 2 000 FMG (francs malgaches), l'équivalent de US $ 1,00.

Après un dîner de jambes de grenouilles, de crevettes et du riz toujours présent, les trois jeunes ont marché le long de la plage et du port. Sous les palmiers et le ciel étoilé, ils étaient assis sur une digue. Une brise douce a apporté un soulagement de la chaleur du jour. Seul le rodage des vagues rompit le silence de la soirée tropicale. Nivo a pris la parole. C'est la première fois que j'ai parlé avec un Américain. C'est un privilège. »

John a exprimé une prière silencieuse : « S'il vous plaît, Dieu, aidez-moi à partager ma foi avec ce merveilleux jeune couple ». Il a senti le Saint-Esprit le guider en parlant de sa foi en Dieu. Guitout et Nivo étaient des catholiques romains dévoués, mais ils cherchaient quelque chose de plus dans leur relation avec Dieu. Ils voulaient savoir comment l'Église du Nazaréen différait de l'église catholique. John a répondu à leurs questions, s'appuyant sur la sagesse du Saint-Esprit. Il sentit le Seigneur le rapprocher de ce couple.

En regardant la constellation de la croix du sud, John a envoyé une autre prière rapide vers le ciel : « Veuillez me guider, Seigneur. Je ressens votre présence de manière spéciale. » Il s'est tourné vers Guitout et a demandé : « Que penseriez-vous si Dieu vous appelait à être pasteur ? »

Au clair de lune, John vit un regard surpris sur le visage de Guitout. « Ce serait un honneur pour moi d'être un pasteur pour Dieu. » Il s'est tourné vers Nivo et lui a demandé ce qu'elle penserait de cela.

Elle a répondu sans hésiter, « Ce serait un privilège merveilleux. » John a jugé qu'ils n'avaient jamais envisagé une telle possibilité. Pourtant, dans leur foi simple, ils ont reconnu que Dieu pouvait le faire.

John leur a demandé de prier à ce sujet, et ils ont accepté. Il leur a également dit qu'il souhaitait commencer l'église du Nazaréen à Madagascar. Guitout a déclaré : « Nous aimerions vous aider à faire cela. » Encore une fois, John pria silencieusement et remercia Dieu de la façon dont il travaillait. Ensuite, John pria que Dieu bénisse Guitout et Nivo, leur prochain mariage et leur futur ministère pour le Seigneur.

Sur le chemin du retour à l'université, Guitout a demandé au chauffeur de taxi de chercher John à 5 heures du matin à l'université et de l'emmener à la gare pour son voyage de retour à 13h pour Tana.

Alors que John était couché dans la chambre de Guitout, il a remercié Dieu pour le miracle qui semblait se produire. Il a réglé son alarme pour 4 heures du matin et s'est endormi. Quand il s'est réveillé, il a apprécié une tasse de café malgache avec une baguette et du miel, puis s'est préparé pour prendre le taxi.

Cinq heures arrivaient. Pas de taxi. Puis 5 :15. Toujours pas de taxi. Guitout a assuré John qu'ils pouvaient prendre un taxi à l'entrée de l'université. À 5h30, aucun signe de véhicule. John se demandait s'il allait faire la connexion du train de six heures. Ils ont décidé de marcher les quatre kilomètres jusqu'à la gare. « Il y aura beaucoup de taxis à ce moment du matin », a déclaré Guitout. Cependant, aucun taxi n'a été vu en cours de route. Une heure plus tard, ils sont arrivés à la gare pour constater que le train était déjà parti. Guitout s'est excusé à plusieurs reprises.

« Ne vous inquiétez pas », a déclaré John. « Dieu a souvent des plans pour nous dont nous ne connaissons pas. » Il a écarté la pensée que son visa va expiré le lendemain, et qu'il doit récupérer l'avion pour l'Afrique du Sud. «Comme j'ai manqué le train, que pourrions-nous faire ensemble ? » demanda-t-il. « Je vais prendre le taxi-brousse pour Tana ce soir.»

Nivo a suggéré un pique-nique d'anniversaire le long de la plage pour plus tard dans la journée. « Cela semble génial », a déclaré John. « Peut-être que nous pourrions monter dans un pousse-pousse. » Plus tôt dans sa visite, il avait vu ces pousse-pousse qui ont été introduits à Madagascar par les Chinois dans les années passées.

Ils ont pris un pousse-pousse pour revenir à l'université, puis Guitout a tué une poule et l'a épluché. Nivo a cuisiné le poulet, fait une salade de pomme de terre et du riz, et ils se sont dirigés vers l'océan Indien. Guitout a averti John de ne pas se promener dans l'océan car les requins sont dangereux dans cette zone. La semaine précédente, un homme se promenait dans l'eau jusqu'au genou quand un requin l'a attrapé et l'a attiré à mort sous l'eau. Après le pique-nique, ils se sont dirigés vers le marché. Toamasina est célèbre pour l'exportation de poivre, de vanille, de café et de clous de girofle. John a acheté les quatre.

John a passé toute la journée avec Guitout et Nivo, témoignant et partageant sa foi. Ils ont promis de s'écrire, et

Guitout a invité John à rester dans la maison de ses parents à Tana la prochaine fois qu'il vienne à Madagascar.

À la fin de la journée, John entra dans le taxi-brousse et laissa ses nouveaux amis avec une tristesse dans son cœur. « Veloma » (« Au revoir »). Il s'est penché sur la fenêtre du bus, et Guitout a saisi sa main et a dit : « Amin'ny manaraka indray » (« A la prochaine »). Au fur et à mesure que le bus partait, John a déjà hâte pour la prochaine fois. Il a prié que Guitout et Nivo accepteraient Christ dans leurs cœurs.

Pendant les heures de la nuit, alors que le bus bondé secouait, John réfléchit sur la façon merveilleuse dont Dieu avait fait un miracle. S'il avait pris l'avion pour aller à Toamasina, il n'aurait jamais rencontré Guitout. S'il avait obtenu sa réservation de siège d'autobus, il n'aurait pas été assis à côté de Guitout sur le taxi-brousse. S'il avait fait la connexion du train, il aurait manqué une journée de partage de l'évangile avec Guitout et Nivo. Coïncidence ? Définitivement pas ! Un miracle divinement arrangé selon le temps de Dieu ? Absolument.

7

Poignardé au marché

Juillet 1992

Deux mois plus tard, John a pris le vol hebdomadaire d'Air Madagascar avec un compagnon missionnaire Nazaréen Dave Moyer pour son deuxième voyage à Madagascar. Parce que c'était au milieu de l'hiver dans cette région au-dessous de l'équateur, John a porté son parka noir, poids moyen, à fermeture à glissière. Reconnaissant pour ses sept poches éparpillées, il avait rembourré chaque poche avec une bande de cassette fournie par trois églises aux États-Unis. Il a planifié de les partager avec des personnes intéressées à Madagascar.

Les pensées de John étaient sur Guitout et Nivo quand l'avion descendit vers Tana. Il s'est souvenu de sa dernière fois avec eux faisant au revoir il y a deux mois. Est-ce qu'ils ont reçu un diplôme la semaine dernière comme prévu ? Est-ce qu'ils ont reçu ma lettre à temps, en les informant de ma visite ? Est-ce qu'ils m'attendront à l'aéroport ?

Dave, regardant en dehors de la fenêtre dans le siège derrière lui, a interrompu ses pensées. « Il semble qu'il y a beaucoup de maisons en bas », il a dit, en tapotant l'épaule de John. « Combien de gens vivent dans Tana ? »

« Les statistiques disent approximativement 1 million », John a répondu. Il a rapporté son attention sur les maisons et rizières dessous. « Attend jusqu'à ce que tu vois comment les maisons sont proche l'une de l'autre quand nous serions dans les rues. »

Traversant les douanes, les boîtes de tracts de John étaient itérativement une attraction. John a commencé immédiatement à distribuer des tracts, cette fois ci avec Dave qui l'aide à ouvrir les boîtes.

John a cherché Guitout mais ne l'a pas vu ou Nivo. Alors il a vu un chauffeur de l'ATN attendant avec un sourire sur son visage.

En montant dans le siège arrière, Dave a dit, « Où est-ce que nous allons ? »

John a essayé de communiquer avec le conducteur mais a été confronté par une combinaison de Malagasy et de Français. En se tournant en arrière vers Dave, John a dit, comme ils ont déjà accéléré loin, « je n'ai aucune idée, mais j'espère il le sait. »

Dès qu'ils sont entrés dans la ville, le conducteur a donné une note à John de Paul McBride. « Bienvenu à Tana, John.

Espérant que vous aimiez votre séjour à l'Hôtel Panorama avec votre autre ami missionnaire.

Je vous rencontrerai demain à l'hôtel. »

« Bien », John disait à Dave comme ils sont descendus de la voiture, « il semble que nous allons dans un hôtel, et je pense que ce doit être ici. Paul nous verra demain. »

Le lendemain, après un petit déjeuner de café noir, croissants fraîchement cuits au four, et les rouleaux de chocolat dans la salle de petit déjeuner de l'hôtel, John et Dave sont revenus jusqu'à leur chambre. John a montré le palais historique de la Reine sur la plus haute colline à peu près un kilomètre de là où ils restaient. Dave a pris quelques photos de l'architecture exceptionnelle. John a entendu un coup et a ouvert la porte. Paul, avec un short et un T - shirt, a tendu sa main et a donné un grand sourire à John. « Salut, Paul », John a dit, en prenant sa main, « Entrez. »

Après les introductions, John disait ses plans à Paul pour la visite de la semaine. « Le but fondamental de cette visite est d'enquêter sur les possibilités de ministère avec ATN. Nous voulons explorer des moyens de satisfaire les besoins des enfants des rues de Tana et autres villes à Madagascar. »

« Demain matin », Paul a dit, 'on se verra dans mon bureau, et nous pouvons parler des idées. »

Le prochain jour, John et Dave sont arrivés au bureau d'ATN dans le centre-ville de Tana. Mamy les a rencontrés à la porte et a présenté Dave au personnel du bureau de l'ATN. John a mis ses mains dans ses poches et a commencé à distribuer principalement des bandes de cassette aux jeunes personnels qui étaient dans leurs vingtaines et trentaines. Il a vu une grande pile de ses tracts d'église que dissimulait partiellement un petit garçon, énergique, le fils d'un des directeurs d'ATN. Il était cognement occupé de coussinet de l'encre à un tampon que John avait fourni, en imprimant le nom et adresse de l'Église du Nazaréen.

« Il semble que tu as fait du bon travail », John faisait des remarques comme il a regardé les tracts attentivement. » Merci beaucoup pour ce que tu fais pour aider notre église ».

« Que ferez-vous avec ces tracts ? » le garçon a demandé à John comme il a maintenu son frottement rythmique.

« Nous enverrons ceux-ci gratuitement à n'importe qui écrit à l'ATN pour demander plus d'information au sujet de notre église ou notre message », a répondu John.

« Je suis heureux que je peux vous aider alors », a répondu le garçon.

Mamy a alors introduit Dave et John à la prochaine porte où Paul les attendait. Ils ont écouté Paul qui parlait de sa vision de travailler avec leur église. L'assistant personnel de Paul, Sarah, est venu, leur donner des Coca, et a placé une petite carte plastifiée sur le bureau de Paul. Paul l'a pris. « Je suppose que vous avez remarqué que tout le monde a maintenant leur propre badge personnel ATN. » John a fait un signe de la tête. « Comme vous êtes parmi les personnels étant notre directeur de programme religieuse, nous en avons un pour vous aussi ». Paul l'a donné à John. « Nous avons réservé le badge No. 1 pour vous. »

John l'a accepté. « Merci Paul, je promets de faire de mon mieux pour rendre ce badge digne d'intérêt et significatif pour mon Seigneur et Sauveur Jésus Christ. Maintenant, pour bien commencer, voyons ce que nous pouvons faire ensemble. »

Pour les trois prochaines heures, Paul, Dave, et John ont martelé des idées au sujet de travailler avec les enfants de rue et commencer une église. John a partagé sa vision de commencer un ministère de compassion parmi les gens de rue sans foyer.

« J'aimerais nous voir en tant que centre avec un programme d'alimentation de soupe et de distribution d'habillement usagé où ces gens pourraient venir obtenir de l'aide », John disait.

Paul a fait une remarque, « n'oubliez pas d'avoir une place où ils peuvent prendre une douche occasionnelle. Aussi il pourrait y avoir un refuge pour les mères célibataires. »

« Et un centre de soin médical préventif simple », Dave a ajouté, les aider avec une hygiène de base et soins médicaux.

« Plus de la moitié de la population de Madagascar a moins de 21 ans, je pense que nous devrions aussi nous concentrer sur la jeunesse et les enfants pour les autres types de ministères apparentés », John a suggéré. « Une idée serait d'avoir un bâtiment où nous pourrions faire des ministères à facettes, tel qu'un salon de thé et une projection de film Chrétien, utilisant des professionnels ou volontaires semi-professionnels de l'U.S.A. Notre église, fait quelque chose comme cela au Club de l'Agneau à New York. »

« Cela semble une bonne idée », Paul sursautait. « Pourquoi ne pas faire un grand concert de lever de fond avec des artistes internationalement reconnus pour aider sur la collecte de l'argent pour ces idées ? ATN pourrait commencer aussi une recherche de talent musicale pour encourager des concerts musicaux qui pourraient aider aussi à collecter de l'argent pour les gosses de rue. »

« Et pourquoi ne pas avoir quelqu'un donnant des cours sur les compétences sociales de base et compétences de travail pour les jeunes gens en dehors de l'école ? » Dave a dit. « Nous pourrions apprendre aussi l'anglais comme un cours de deuxième langue et offrant aussi des conseils de services. »

« C'est une bonne idée, Dave », John répondait. « Sur le côté spirituel, je vois des cultes, des études bibliques pendant la semaine, une librairie chrétienne, et des classes de disciple pour des individus sélectionnés. »

« Une autre idée », Paul a dit, « est d'avoir une radio ou un programme de la télévision local et diffuser sur ATN. Parce que je crois en ce que vous faites et que vous êtes disposé à travailler avec moi, je ne vous chargerai rien pour ce ministère. »

« C'est très gentil de votre part, John a répondu. Au cours de la communication, je peux voir la télé ou la radio utilisée pour l'Éducation Théologique par Extension. Je veux nous voir former des pasteurs où qu'ils sont. De plus, plusieurs m'ont dit sur mon premier voyage qu'il y a un grand besoin pour la littérature chrétienne. Nous pourrions établir notre propre bureau du développement de la littérature et une librairie chrétienne. Plus tard, nous pourrions installer notre propre machine imprimante et commencer à produire notre propre littérature malagasy et française. »

Les idées et discussions entre les trois hommes étaient interminables. Finalement, Paul a demandé, « Bien, pourquoi ne pas commencer cette semaine les gars ? »

John et Dave se regardèrent. « Je ne pense pas », John a dit de façon hésitante, « nous sommes assez prêts à commencer ces idées, Paul. »

Paul riait. « Je ne veux pas dire toutes ces idées que vous avez mentionné, John, vous vouliez aider à distribuer des vêtements usagés aux enfants des rues de Mantasoa à l'Hôtel Ermitage. Si vous faites cela, je ferai un documentaire télévisé et le faire voler comme un petit oiseau le lendemain. »

« Quel est 'l'oiseau' ? » demandait Dave.

En riant, John disait, « C'est la façon de Paul de dire qu'ils transmettront le signal de la télé à la station satellite au-dessus sur l'équateur. Le signal est alors une émission sur une empreinte de pas qui couvre un tiers de la surface du monde. »

Le jeudi John et Dave étaient occupés à donner un coup de main avec les cartons d'habillement usagé donné. John a vu les visages sales des gosses de rue s'éclaircir et leurs yeux devenir grand quand on les a donnés de nouveau vêtement. Leur expression disait, « Ceci est la meilleure chose que vous auriez pu faire pour nous. » John savait qu'il y avait beaucoup plus qui pourrait être fait. Avec un interpréteur, il a dit aux enfants et adultes qui s'asseyent sur la terre devant lui qu'un jour l'Église du Nazaréen viendrait à Madagascar et ferait beaucoup plus pour les aider. Il a dit que son église s'inquiète de leur condition physique et leur condition spirituelle. « Dieu vous aime, et nous vous aimons aussi », pour terminer. Le rayonnement sur leur visage a confirmé à John que c'était vraiment le champ de récolte où Dieu l'avait appelé pour travailler.

Sur ce vendredi matin de leur dernier jour plein, John a dit à Dave qu'il l'emmènerait au zoma, le mot malagasy pour « marché » aussi bien que pour le jour il est tenu. Dave été excité en fermant sa valise en cuir.

« Est-ce que vous pensez apporter cette grande et chère valise au zoma ? » John a demandé.

« Oui », Dave a répondu, en ramassant la valise.

« Je ne sais pas », John disait à haute voix. « Tu pourras être une cible évidente pour les pickpockets. »

« Je dois juste porter les choses que j'achèterai », Dave a répondu. « À propos, je ne te vois pas prendre quelque chose. »

« Sur mon dernier voyage j'ai acheté un panier localement tissé comme les malgaches utilise pour faire les courses », John a dit. « Je pense que je vais faire le même aujourd'hui. Il ne peut pas peut être tenir beaucoup de chose comme le vôtre, mais c'est moins voyant. Prions maintenant que les anges de Dieu nous protégeront. »

Après la prière, ils ont pris la navette de l'hôtel au centre-ville. De là, ils ont marché sur la rue qui est localement reconnu comme « marche des mille larmes. » Les vendeurs des stands mis en place le long des escaliers ont affiché des centaines de produits, y compris de nombreux styles de lunettes et lunettes de soleil ». Quelqu'un m'a dit que les lunettes ont été probablement volées par des pickpockets qui les ont arrachés des gens qui marchent à travers le marché dans les taxis qui passent lentement », John disait.

Ils ont vu des tables de bonbon importé, cigarettes, peignes, crayons, et bougies. Des adolescents, montant et descendant les marches avec des ceintures de peau de serpent, les nappes dans leurs mains, pour mieux vendre leurs articles. Les stands couverts sont débordés avec des savons, chapeaux de paille, cire pour les chaussures, outils de couture et sandales. Les hommes affichaient des tampons qu'ils avaient sculptés avec les lames de rasoir. Pour moins de $1 ils graveraient un timbre de l'immigration forgé authentique du pays de votre choix.

Le marché du Zoma à Tana

Au bas des marches, des hommes apparurent dans l'extrémité supérieure du zoma. Ils ont été immédiatement engloutis dans une mer de consommateurs qui se promenaient sous un nuage de parapluies blancs. Dans la mesure où on l'a vu, les toiles de huit pieds de diamètre ont protégé les vendeurs et la masse en mouvement du soleil et de la pluie à la fois. John est parti pour acheter un panier, en disant à Dave de rester près de lui. Heurté et bousculé, ils ont traversé le « département » de fruit et de légume où ils ont vu toute taille, forme, et différent type de produits tropical.

Ils ont aussi vu des enfants de rue courir en traversant des tas de maniocs, poussant du coude des tas de produits alimentaires abandonnés, et en mendiant du pain. Les deux missionnaires ont tissé leur chemin à travers les revendeurs qui travaillent sous les toits blancs portatifs. John a continué à parcourir ses yeux, alerte pour tout problème possible. Parfois il vit un visage qu'il pensait qu'il avait vu avant.

Achetant son panier, John a commencé à mener le chemin vers la fin opposée du zoma, près de la gare. Le marché paraissait particulièrement occupé, donc John a essayé d'aller un peu plus vite. Un homme transportant deux oies, poussant des cris rauques ont essayé de le passer. Les oies ont essayé de voler à ce moment, et John a repoussé les ailes du claquement comme l'homme a lutté pour les contrôler. Après que les oies bouleversées et leur propriétaire aient été pressés, John a cherché Dave autour. Il ne l'a pas vu.

Un moment plus tard il a entendu une voix criée, « Hé ! » Pour John ça avait l'air d'être la voix de Dave, et il a poussé du coude en arrière son chemin à travers les cohues.

Il a bientôt découvert Dave à bout de souffle et lui a demandé ce qui n'allait pas.

« Trois hommes sont venus vers moi », a commencé Dave, « et m'a poussé délibérément par hasard. J'ai pensé qu'ils allaient m'agresser, donc j'ai hurlé aussi bruyant que je pouvais. En même temps, j'ai attrapé ma valise et l'a frappé vers eux. Ils se sont enfui dans trois directions quand tout le monde autour de moi s'est arrêté pour regarder. »

« Allons-y, un peu plus vite cette fois ci, John a préconisé Dave. Restez proche derrière-moi si tu peux. »

Pressant leur chemin à travers les clients du marché, John a hurlé en arrière à Dave, « Ils disent que le zoma est le deuxième-grand marché de plein air dans le monde. »

« Je le crois », Dave affirma. « Où est le plus grand ? »

« Personne ne semble jamais savoir », riait John. Juste alors, il a vu les visages de deux jeunes hommes qu'il était sûr il avait vu deux fois près déjà ce matin. « Dave, je pense que nous avons quelqu'un qui nous suivent. Soyez sur votre garde pour n'importe quoi », il a prévenu.

S'arrêtant pour acheter quelques curiosités, Dave a placé sa valise par terre, a débouclé l'obtenant lanière, et a ouvert la fermeture. Chaque fois qu'il faisait ceci, une petite foule s'est rassemblée pour regarder la procédure. John a gardé un œil sur les deux hommes. Les voyants encore, il les a regardés jusqu'à ce qu'ils aient attrapé son regard minutieux. Ils se sont tournés et ont disparu dans la foule.

Après 45 minutes en esquivant sous les bords des parapluies, sautant sur les égouts ouverts, échangeant pour chaque achat, se faufilant obliquement à travers la prise des foules, Dave a rattrapé John. « Je commence à devenir un peu fatigué. Est-ce que tu penses que vous pourra porter ma valise ? »

« Bien sûr », a répondu John, « donne -le et reste derrière proche de moi. »

Vendeurs et étal de parapluie au marché du zoma

Tenant son sac tissé à sa main gauche et saisissant la valise dans sa main droite, John est parti avec Dave derrière lui. Il a décidé de changer la direction pour voir s'ils peuvent échapper leurs poursuivants. Reprenant le rythme, il a esquivé des piles de riz et a glissé dans des allées empilées de part et d'autre avec des paniers descendants de grains de café, des sacs en plastique de clous de girofle entiers, des racines de gingembre marron, des bulbes à l'ail blanc, des bâtons de cannelle et de longs haricots de vanille.

Après 10 minutes de manœuvres évasives, ils ont émergé dans le boulevard principal. La colonne vertébrale du zoma, il a été drapé sous des milliers sur milliers de parapluies blancs. Une ligne de circulation, principalement de taxis, rampés le long sur les deux côtés.

Sur le trottoir, en suivant le rythme de la circulation, ils ont parcouru des cadres en acier recouverts de tissus protégeant de beaux panneaux de nappes et de vêtement brodées à la main. En s'arrêtant pour échanger, Dave a retiré des francs malgaches du sac d'argent qui lui était attaché autour de sa taille. John jeta un coup d'œil autour de lui et fut consterné de voir les mêmes deux hommes se précipiter. Ils ont vu John qui les regardait et ont disparu. Dave s'est arrêté pour prendre une photo pendant que John ramassait sa valise. « Tiens bien ton appareil-photo », John a averti.

En marchant au milieu des klaxons de cornes, les cris des vendeurs, et les sons déformés de bandes de cassette à vendre, John a encore vu devant un des hommes approximativement à 30 mètres. John s'est arrêté. « Quel est le problème ? » Dave disait par derrière.

John n'a pas répondu mais a encore essayé de dévisager l'adversaire vers le bas. Cette fois ci, ce n'était pas efficace, et l'homme a commencé à marcher délibérément vers eux. John s'est préparé mentalement pour cette confrontation. Qu'est-ce que cet homme ferait ? Quelle est ma meilleure route d'évasion ? Est-ce que Dave voit cet homme ? Où est son complice ? La clameur du marché se fanait en arrière-plan comme l'adrénaline a commencé à couler à travers le corps de John. Chaque sens était actif. John s'est senti vulnérable comme il se tenait debout. Avec ses sacs lourds qui pendaient de chaque bras, son corps s'est raidi et a respiré une prière pour la protection de Dieu.

Dans une fraction de secondes, l'homme a marché à grands pas jusqu'à John et a levé un bras. L'autre bras était en direction vers la valise. John a senti la poussée de l'épaule de l'homme sur son épaule, et quelque chose a frappé sa poitrine. John a soulevé les deux sacs, les a poussés vers le corps de l'homme, et a sauté en arrière tout dans un mouvement.

L'homme s'est tourné et a regardé d'une manière extravagante les foules environnantes et la circulation. « Attention ! » John a hurlé, comme il voyait l'homme charger Dave avec son complice qui vient par derrière.

Entendant la voix de John, le voleur s'est arrêté, s'est tourné, et a regardé John. Leurs yeux verrouillés, et pour une seconde ou deux John pouvait voir directement dans le regard froid de l'homme. Il a tenu le regard, en espérant Dave auraient une chance de s'échapper du complice derrière qui s'approche de lui.

Alors les yeux de l'homme ont trembloté, et il s'est tourné pour voir que Dave s'est déplacé devant. Il a vu son complice et a fait un signe de la tête vers un taxi passager. Il a sauté derrière le véhicule et a commencé à marcher à la même vitesse, se pencha afin que John ne puisse pas le voir. Le complice a disparu dans la foule. John savait que ce serait seulement une question de seconde avant qu'ils essaient de se rapprocher encore d'eux. Ils semblaient désespérés d'obtenir leurs objets de valeur.

John s'est retourné vers Dave et montra. « Suivez-moi par là au magasin de glace Honey. Courez ! » Il hurla.

John se retourna et vit une grande exposition de poterie délicate sur le bord de la route. Sachant qu'il ne pouvait pas aller de l'avant où l'agresseur sortirait autour du taxi, il s'accroupit, puis se dirigea sur la faïence. En atterrissant, il s'attendait à ressentir la crème de plats de céramique sous ses chaussures. Miraculeusement, il a éclairci l'exposition entière et a arrêté de courir à toute vitesse. Tordant, tournant, et tissant, il a traversé le supermarché ouvert et a sauté au-dessus sur l'atterrissage à l'extérieur du devant du magasin du flan gelé. Il a posé les bagages, s'est tourné, et a cherché Dave. Il l'a repéré en trottinant le trafic et en forçant son chemin à travers des blocs serrés de personnes

Essoufflé, Dave arriva vers John. « Nous devons aller quelque part », disait-il entre deux souffles. John a encore ramassé les sacs et a dit, entrons et mangeant un morceau. »

Ils sont entrés dans le magasin chaud et se sont assis sur une des banquettes pour organiser leur prochain plan. « Nous avons besoin de revenir dehors et prendre un taxi pour retourner à notre hôtel », disait Dave.

John s'est levé de son siège et a parlé au directeur, mais il ne comprenait pas anglais. Il a montré du doigt Roger, un de ses employés. John est allé à ce jeune homme avec les traits orientaux et a demandé s'il pouvait les accompagner pour prendre un taxi. Il a expliqué ce qui s'est passé. Roger s'est exclamé, « ne prenez pas le taxi devant. C'est très dangereux. » Il a jeté un coup d'œil sur Dave. « Où est vos bagages ? »

John l'a emmené à la banquette et lui a montré ce qu'ils avaient. Roger a appelé deux autres employés qui sont venus, et chacun a pris un sac. « Suivez-moi, s'il vous plaît », appela Roger. Il les a amenés en arrière à travers la cuisine où les cuisiniers ont levé les yeux avec surprise en voyant cette caravane étrange qui traverse leur sol culinaire, et à travers des pièces de stockage sombres. John s'est demandé où ils allaient.

En arrivant à une paire de portes d'entrepôt lourdes, Roger l'a levé et en a glissé un ouvert. Sortant lentement sa tête à travers la fente, Roger a regardé avec soin les deux chemins.

John a commencé à se sentir comme un caractère dans un roman de suspense. Mettant son bras derrière lui, Roger a fait signe aux autres pour le suivre. Ils se sont conformés et ont glissé dans la lumière du soleil claire.

Roger a verrouillé à gauche, loin du boulevard, les quatre hommes qui se précipitaient derrière lui. Atteignant la fin du bloc, ils ont tourné le coin et ont continué à courir. Traversant une autre rue, Roger a arrêté un taxi et a négocié avec le conducteur pour emmener John et Dave à l'hôtel. Remerciant Roger abondamment, ils ont grimpé dans le taxi. Pendant le retour à l'hôtel ils ont parlé de leur échappée belle.

Dans leur chambre, ils se sont agenouillés et ont remercié Dieu pour les anges gardiens. Cette nuit, ils ont raconté leur aventure pendant le dîner avec Paul McBride. Paul a dit, « Dieu doit vraiment vouloir que vous veniez à Madagascar, John, pour qu'il protège votre vie comme cela. »

Le matin suivant, préparant ses bagages pour le voyage en Afrique du Sud, John a encore mis sa parka noire et a jeté un coup d'œil dans le miroir. Remarquant quelque chose de bizarre avec sa poche de la poitrine gauche, il l'a regardé. Il a découvert que la poche avait une déchirure diagonale pénétrant à travers la matière isolante. Il avait été coupé avec une lame de couteau. Il pensait immédiatement au coup qu'il avait reçu à la même place dans le marché le jour auparavant. Si l'homme m'avait poignardé, pourquoi est-ce qu'il ne l'a pas fait sur mon cœur ?

John a senti quelque chose de dur à l'intérieur de la poche et l'a ouvert. En ouvrant sa poche, il a vu deux bandes de cassette nichées dedans. Il s'est rendu compte qu'il a dû oublier de sortir ces deux quand il les distribuait plus tôt au personnel d'ATN dans la semaine. Il les a enlevés.

Les deux cassettes étaient du collège de l'église d'Olathe. En diagonale à travers le sommet, une coupe a coupé à travers l'étiquette et dans le plastique qui avait été sur son cœur. Il a secoué sa tête et a lu avec incrédulité le titre du sermon de Paul Cunningham, « À quelle point sommes-nous prêts à partir ? » En glissant lentement la bande inférieure au-dessus, il a lu l'autre titre du sermon, « Faire face à vos ennemis avec Foi. » La chair de poule a parcouru en bas de sa colonne vertébrale à ses jambes.

« Dave, venez ici et regardez ceci. Je pense que nous avons encore besoin de prier. » John a expliqué que l'attaquant l'a poignardé ; mais, efficacement comme un gilet à l'épreuve des balles, les cassettes oubliées avaient bloqué la lame de me blesser mortellement. Les deux missionnaires se sont agenouillés à côté de leurs lits et ont offert grâce à Dieu d'avoir fourni la protection pour sauver la vie de John.

Une coïncidence ? Jamais. Un autre miracle ? Sans aucun doute. Dieu a des façons spéciales de protéger Ses enfants. John disait à Dave comme ils attendaient dans le salon de départ leur avion, « Tu sais, cette expérience hier seulement aides à reconfirmer l'appel de Dieu pour moi pour venir à Madagascar. »

8

Les graines sont semées

Septembre 1992

John s'est installé lui-même dans le siège de la cloison sur le chemin à Madagascar pour son troisième voyage. Il s'est demandé quelle excitation viendrait dans les prochaines trois semaines. Feuilletant à travers des littératures de voyage fourni par le service du vol Air Madagascar, John regardait en dehors du hublot. Pendant son dernier voyage avec Dave, il avait espéré rencontrer Guitout et Nivo. Il était heureux d'avoir reçu leur lettre disant qu'ils étaient désolés de l'avoir manqué.

John leur a répondu immédiatement et leur a dit au sujet de ce voyage. J'espère que ma lettre a été envoyée à temps. Ils devraient vivre maintenant à Tana avec leurs parents. John pensa encore à la télécopie qu'il avait reçue hier de Kenny Bisagno d'ATN. Apparemment, Paul McBride n'était plus président ; et Kenny, un des directeurs, avait pris la relève.

Regardant l'océan minuscule en-dessous de loin, John s'est souvenu du jour où lui et Paul avaient rencontré

Kenny. S'assoyant sous un parapluie jaune chez le restaurant souvent fréquenté, Paul et John avaient discuté de leur fardeau pour les enfants de rue avec Kenny et trouvait un auditeur sensible. Lui aussi, voulait aider les gosses depuis qu'il est arrivé d'Afrique du Sud. John a aimé Kenny ; et maintenant, il parait que Kenny était le nouveau président.

Les pensées de John ont été cassées car l'annonce est venue que l'on attache les ceintures de sécurité. Comme le Boeing 737 atterrissait, il a été excité de retourner sur la grande Île Rouge où Dieu l'avait appelé. Traversant les douanes, John a rencontré Kenny qui a expliqué plus au sujet des changements à ATN. John s'est arrêté abruptement. Sept pieds devant lui, avec des visages souriants, était debout Guitout et Nivo. John a posé son bagage, a avancé rapidement, et a donné chacun d'eux une étreinte. « Bienvenu, John », Guitout disait au missionnaire étonné et immobile, « nous sommes heureux de vous voir. »

En riant et conversant avec ses amis réunis, John s'est souvenu que Kenny était encore avec lui. « Nous aimerions que vous restiez avec nous, John, si c'est possible », Guitout a dit. John s'est tourné vers Kenny, et après les introductions, a changé ses arrangements avec lui. Partis ensemble, John est allé avec Guitout et Nivo pour prendre un taxi be chez la maison de Nivo. Ils se sont arrangés pour que John puisse partager une chambre avec Guitout à la maison de sa fiancée. Les trois iraient à la maison de Guitout pour le repas principal à midi tous les jours.

La mère de Nivo, Neny, les a rencontrés à la porte. Ses cheveux sombres et traits sont semblables à celle de Nivo. Elle a montré à John et Guitout où ils dormiraient, alors les a menés à travers sa maison bien rangée à la salle de séjour où ils se sont assis et ont parlé de leurs familles. La sœur de Nivo, Lanto, a rendu visite un peu plus tard pour saluer John et est partie pour rencontrer son petit ami.

Maison typiquement malagasy dans les hauts-plateaux

John a aimé vivre avec cette famille malgache pour les trois prochaines semaines. En mangeant et parlant ensemble, ils ont appris des mots en anglais de John, et il a appris des mots malgaches et français grâce à eux. Ils l'ont pris pour faire quelque achat, visiter leurs amis, et même à une fête d'anniversaire d'un membre de la famille. Il a commencé à s'identifier avec leur train de vie.

La deuxième nuit, John est resté éveillé. Appelant doucement à travers la pièce Guitout, il a demandé, est-ce que vous avez pensé de notre conversation vers le bas du port il y a quatre mois à Toamasina ? »

« Vous m'avez surpris quand vous m'avez demandé si je serais disposé à être prêtre », Guitout a répondu. « Nivo et moi avons prié au sujet de ce que vous avait suggéré. Cependant, je ne me sens pas digne pour quelque chose comme ceci. Je ne pense pas que Dieu pourrait jamais utiliser quelqu'un comme moi. »

« Pourquoi est-ce que vous dites cela ? »

Guitout a hésité et a dit, « je suis sûr que je ne suis pas assez bon pour être prêtre ou pasteur, je pense ce que vous dites. »

John s'est tourné vers Guitout, bien qu'il ne puisse pas le voir. « Vous savez », il a commencé, « je pensais la même chose quand j'étais plus jeune. Mais je me suis rendu compte que c'était le péché qui me fait sentir indigne. »

Guitout a demandé beaucoup de questions au sujet de Dieu cette nuit jusqu'à ce qu'il soit devenu très fatigué. Après que Guitout fût endormi, John a remercié Dieu pour ouvrir encore cette porte et préparait le sol pour lui à présenter plus tard l'évangile. Il s'est endormi pour plusieurs heures. Soudainement, John s'est réveillé. Son lit secouait et il a entendu ses lunettes tomber de la table du chevet. Sa main a tâtonné par terre pour eux. Il s'est redressé et a allumé la lampe électrique miniature à côté de son lit. Sa montre a montré 2h41 du matin. Les vibrations ont arrêté. « Guitout, c'était quoi ? »

La voix somnolente de Guitout est revenue, « je ne sais pas, mais je pense que c'était un tremblement de terre. »

Comme c'était la première expérience de tremblement de terre pour John, il a demandé si c'était commun à Madagascar. « Non », Guitout a répondu, « cela ne se passe pas souvent. » John s'est rendormi et a prié, en remerciant Dieu pour Sa protection.

Le jour prochain, Guitout a présenté John à sa famille avant le déjeuner à sa maison. Le repas principal typique malgache a été servi en quelques plats. La mère de Guitout et sa tante avaient travaillé des heures pour préparer le repas. En premier vient des crudités, suivies par des tas de riz avec des petits morceaux de zébu. John a aimé la conversation avec la famille autour de la table. Le père de Guitout, Henri, était passionné de parler de son église à John et aussi sur sa vie. John, en retour, s'est renseigné sur l'histoire de la famille d'Henri.

« Ma famille est d'origine noble de Zanadralambo qui veut dire 'enfants de Ralambo,' » Henri disait. « Nous sommes Merina. Venez dehors, et je vous montrerai la maison des ancêtres. »

John l'a suivi au jardin où il a vu une chambre, bâtiment en plâtre de boue avec carreaux d'argile sur le toit. Comme John a regardé la hutte minuscule, il a demandé, « Pourquoi est-ce que ce bâtiment est encore ici après tant d'années ? »

« Nous ne l'avons pas détruit parce que nous respectons nos ascendants. Ils sont venus, il y a beaucoup d'années passée, par des pirogues à balancier, de l'Indonésie ».

« Où est-ce qu'ils sont enterrés ? » John a demandé, en se demandant au sujet de la tombe familiale.

« C'est à l'extérieur de la ville », il a répondu. « Nous vous le montrerons un jour. »

Le jour suivant, Lanto a présenté John à son petit copain, Naivo qui étudiait pour devenir pilote avec Air Madagascar. Naivo conduisait John partout dans sa petite Volkswagen pendant son séjour. Comme Naivo disait à John au sujet de la pauvre condition de beaucoup de véhicules, Naivo a freiné pour un autobus lent, bondé à la surcapacité. Comme ils se sont arrêtés derrière, John a remarqué quelque chose incroyable. « Regardez », il s'est exclamé, en riant et pointant devant.

Une scène étrange se dépliait au ralenti comme les roues double en arrière gauche du grand autobus s'est lentement détaché de l'essieu et a roulé au milieu de la rue. L'autobus s'est balancé sur ses trois roues avec les passagers qui riaient maintenant et tenant sur le côté pour voir ce qui se passait. Naivo a soigneusement tiré sur le côté de l'autobus et est passé. En riant, Naivo a dit, « C'est ce que j'essayais de dire au sujet de nos véhicules malagasys. »

Samedi, Ken Walker, directeur du champ de l'Afrique Sud-est, est arrivé pour joindre John. Dimanche, les deux missionnaires ont mené le premier culte Nazaréen à Madagascar. Etant debout dans la salle de séjour de la maison de Nivo, avec son nouvel ami Naivo faisant l'interprétation, John a prêché à 15 malagasy.

Un après-midi quelques jours plus tard, John a senti Dieu le guider pour parler à Guitout de donner sa vie à Christ. Il s'est assis dans sa chambre, en communion avec le Seigneur. « S'il vous plaît aidez-moi à communiquer clairement l'évangile afin que Guitout comprenne. Envoyez vos anges pour nous garder des interruptions. » Senti rassuré, John a trouvé Ken et a demandé qu'il le joigne pour témoigner à Guitout.

Guitout a laissé le livre qu'il lisait dans la salle de séjour. John et Ken se sont assis. Ils ont commencé à soutenir une conversation au sujet de l'origine religieuse de Guitout dans l'église catholique. John alors lui a demandé les deux premières questions qui exigent qu'il pense au sujet de la vie après mort.

« Guitout, dans votre vie spirituelle, êtes-vous certains que si vous êtes décédée ce soir, vous iriez au ciel ? »

Guitout était assis tranquillement, en réfléchissant. John attendait pendant que Ken a prié silencieusement. « Non, je ne pense pas », Guitout a répondu.

John a posé une autre question. Sentant la guidance du Saint-Esprit, il présenta l'évangile. Guitout a posé des questions en même temps, et John et Ken les a répondues avec soin, en utilisant l'écriture sainte et des illustrations.

Quarante-cinq minutes plus tard, John disait, « Guitout, vous nous avez entendus expliquer au sujet de la grâce, l'humanité, Dieu, Christ, la foi, et la repentance. Est-ce que vous comprenez ? »

Guitout a fait un signe de sa tête et a dit, « Oui. »

« Est-ce que vous aimeriez recevoir maintenant le cadeau de Dieu de la vie éternelle ? »

Il a encore fait un signe de la tête, et John a parlé des étapes pour recevoir Christ comme sauveur. Les trois hommes baissèrent leurs têtes quand Ken pria pour la décision importante que Guitout allait faire. Puis John a demandé à Guitout de prier, en répétant les phrases de John. Le trio se réjouissait ensemble dès que Guitout a terminé de prier. John a encore prié, une prière de gratitude. Ken a donné des suggestions sur comment vivre en étant un croyant né de nouveau.

Après une semaine de réunion le contact de John, Ken est parti pour Swaziland le samedi matin. Cette nuit, John a tenu une répétition impromptue de la chorale à la maison de la soeur de Guitout, Biki, et son mari, Patrice. Le matin prochain, John a mené le deuxième culte Nazaréen, cette fois ci avec 25 attendants, dans la maison de Guitout. Encore une fois, Naivo a interprété pour lui. L'excitation était à l'évidence sur les visages devant John. Le visage de Guitout brillait. Apres son sermon, John a annoncé que jusqu'à ce qu'il soit de retour, il n'y aurait pas de culte le dimanche, mais des arrangements avaient été faits par Mamy pour mener des études de la Bible les samedis.

Ce soir, John est monté avec Guitout et les parents à l'aéroport pour dire au revoir à Nivo qui partait en France pour continuer ses études. Dans le salon du départ, Nivo a demandé à John de prier pour elle pour que Dieu le rende possible de trouver une église Nazaréen en France pour avoir de la nourriture spirituelle et de la camaraderie. Elle a dit qu'elle rencontrerait John et Sandy quand ils seront en France pour étudier la langue dans une année et demie.

Après un voyage en train à Antsirabe, quatre heures dans le sud, Mamy a demandé à John de délivrer cinq messages courts de dévotion pour une émission sur ATN. En enregistrant les messages en anglais, John a senti la présence de Dieu qui lui permettait de communiquer. Il a senti l'approbation et l'acceptation de tout le monde à ATN en parlant de l'amour de Dieu à l'audience qu'il ne voyait pas.

À 5 :00 le matin suivant, Guitout, Patrice, Naivo, et Lanto ont accompagné John à l'aéroport international. « Veloma », John a dit à voix basse avec une bosse dans sa gorge. « Je prierai pour vous et hâte pour mon prochain voyage à Madagascar ». Étreignant chacun d'eux, il s'est tourné et a marché à grands pas à travers la porte de contrôle du passeport.

Dans l'avion, au-dessus de la région côtière de l'ouest, John regardait en bas. Des larmes ont coulé sur ses joues en voyant les plages glissées derrière. Un vieux chant est venu à son esprit, et il a commencé à chanter, « j'ai laissé mon cœur à Madagascar. »

9

Le défi

Janvier et Mars 1993

John a fait deux voyages de plus pour travailler sur l'inscription de la dénomination. Pendant le voyage du janvier 1993, John a rencontré Richard et Thérèse qui étaient intéressées par la doctrine d'une entière sanctification. Guitout traduisait pendant que John expliquait. Le jeune couple a dit qu'ils le comprenaient et voulaient l'expérimenter pour eux-mêmes. John s'est tourné vers Guitout et a demandé s'il aimerait aussi éprouver ce deuxième travail de grâce. Guitout souriait et a fait un signe de la tête. John a mené une prière de consécration et d'engagement. Quand Sarah, leur petite fille souriait timidement, ses parents, avec Guitout et John, ont loué Dieu ensemble.

Aussi pendant ce voyage, John a commencé à enquêter sur la possibilité de commencer un programme radio en français. Il a approché plusieurs chanteurs Malagasy célèbres pour demander si leurs chansons pouvaient être utilisées par son église. Dans chaque cas, la réponse était oui. Les studios d'enregistrement disaient qu'il pourrait utiliser leur musique à aucune charge.

Les chrétiens malagasy avec John et Sandy

En mars 1993, Sandy a accompagné John pour la première fois. Ken Walker a aussi fait son deuxième voyage. Ils étaient accueillis gracieusement par Mike Fraer qui était de service pour deux ans avec l'ambassade Américaine et sa femme, Terri, la fille et petite-fille d'une fidèle Nazaréenne de longue date. Mike les a laissés utiliser sa voiture 4 x 4 pour sa « mission assignée missionnaire. »

John a fixé un autre rendez-vous pour visiter Richard et Thérèse. Quand il est arrivé, avec Sandy et Ken, Thérèse et Sarah étaient présentes. Richard était parti pour une tâche temporaire comme étant professeur de maths et de physique dans un lycée à une centaine de kilomètres de Tana.

Thérèse a témoigné comment elle et Richard avaient été entièrement sanctifiés depuis la visite antérieure de John et sont maintenant ravi de laisser le Saint-Esprit guider leurs vies.

« Est-ce que vous avez le temps pour manger du gâteau ? » elle a demandé.

« Bien sûr. »

« Est-ce que nous pourrions chanter un chant avant que nous mangions ? »

« Oui », répondait John, « quel chant est-ce que vous aimeriez chanter ? »

« Est-ce que nous pourrions chanter le chant que vous nous avez appris dimanche, 'Viens, Saint-Esprit, j'ai besoin de toi' ? »

Avec leur voix mélangé ensemble et des larmes qui coulaient sur leurs visages, Thérèse, Sandy, John, et Ken ont chanté et ont loué Dieu ensemble.

« Est-ce que vous pouvez écrire et demander à votre mari si Dieu lui a parlé au sujet de prêcher ? » Ken demanda à Thérèse.

« Je n'ai pas besoin de lui demander », disait-elle. « Je sais déjà que la réponse est oui. » Elle souriait. « En fait, il passe déjà de village en village et maison par maison pour prêcher la Bonnes Nouvelles. Il m'a dit qu'il y avait beaucoup qui n'avaient jamais entendu parler de Jésus Christ ou du Saint-Esprit. »

Comme les trois missionnaires ont traversé les canaux de rizière vers le 4x4 qui les attendaient, ils se sont réjouis d'une autre réponse de prière.

Le 1er avril, 1993, dans la ville du Roi William, en Afrique du Sud, John et Sandy ont d'abord ouvert une lettre de Richard, et ont lu comment Dieu leur avait parlé et qu'ils voulaient maintenant être nos premiers membres Nazaréen à Madagascar.

Ensuite, une lettre de Thérèse a été ouverte. Avec joie ils ont lu ses mots, « Le Seigneur m'appelle pour être pasteur pour l'Église du Nazaréen. »

L'Église du Nazaréen à Madagascar a commencé.

Épilogue

Vous aviez lu l'histoire de l'ancêtre Ralambo et ses descendants ainsi que l'appel pour Madagascar senti par le missionnaire John Cunningham. Vous aviez entendu le rendez-vous miraculeux avec Guitout, un descendant de Ralambo et de son remarquable conversion.

Vous aviez vu les circonstances pitoyables des enfants de rues. Vous saviez comment Dieu a protégé John durant l'attaque avec le couteau. Vous aviez appris l'œuvre du Saint Esprit dans la vie de Guitout, Richard, et Thérèse. Maintenant, c'est votre part de prier et de donner selon la conduite de Dieu.

Le besoin est grand – 5 millions et demi de Malagasy n'ont pas encore entendu Jésus. La plupart sont encore sous l'emprise de prier aux ancêtres.

La semence a été semée. Plusieurs services ont été faits. Guitout a accepté Christ et rempli par l'Esprit Saint, Mamy conduit des études bibliques. Toutefois, sans la présence d'un missionnaire résident, il est peu probable que l'église soit établie.

S'il vous plait, priez pour que l'Église du Nazaréen soit enregistrée à Madagascar.

Priez pour la protection et la bonne santé de John et Sandy comme ils iront suivre le cours de langue en France et préparer leurs déménagements pour l'Ile rouge.

Priez pour ses deux jeunes filles qui vont aller au Kenya, Afrique de l'est pour internat à cause de l'inexistence d'école parlant l'Anglais à Madagascar.

Priez pour le commencement d'un programme radiophonique en Français et pour le présentateur qui va communiquer effectivement notre message de sainteté.

Priez pour que Guitout puisse continuer à rester fidèle avec Jésus et partager la bonne nouvelle aux autres.

Priez pour que Dieu puisse continuer à encourager Richard et Therese à partager leurs fois et d'être des pasteurs dans l'Église du Nazaréen.

Priez pour que d'autres (ou peut être vous) puissent entendre et obéir à l'appel de Dieu pour aller à Madagascar, aider à faire le ministère pour le peuple Malagasy.

S'il vous plait, continue à donner au Fond d'Évangélisation Mondiale pour que les Cunninghams et d'autres comme eux puissent commencer des champs nouveaux comme Madagascar.

www.ingramcontent.com/pod-product-compliance
Lightning Source LLC
Chambersburg PA
CBHW031451040426
42444CB00007B/1057